So süß ist Wien!

diestadtspionin

So süß ist Wien!

100 neue Kuchen-Salons, Espresso-Bars & Schoko-Tempel

Wundergarten Verlag

Servus die Madln!

Könnt Ihr Euch erinnern? Es ist schon ein paar Jährchen her, da lernten wir in *Sex in the City,* was Cupcakes sind. (Ja, Fernsehen bildet!) Mehrere Folgen lang pilgerten Carrie und Co in die mittlerweile berühmte New Yorker *Magnolia Bakery,* um sich die angesagten, sündhaft süßen Teilchen reinzuschieben. Es dauerte gar nicht so lange, da eröffnete auch in Wien so ein Küchlein-Paradies. Dann noch eins. Und noch eins. Und was haben wir jetzt? Eine Revolution!

In der Welthauptstadt der klassischen Caféhäuser, in der seit 150 Jahren unverändert der heilige Gral namens „Kaffee und Kuchen" gehütet wird, sprießen plötzlich an jeder Ecke neue Kuchen-Salons und Espresso-Bars aus dem Boden. Lässig, hip, improvisiert oder – wie die Guerilla Bakery – geheim. Statt traditionellen Backwerks werden da Designerkekse gereicht, statt Sachertorte wird Kuchen am Stiel (aka Cake Pop) serviert, und statt eines Verlängerten produzieren die jungen Espresso-Meister Kaffee in einer Qualität, wie ihn diese Stadt noch nicht erlebt hat.

Das neue „süße Wien" stellt Euch die StadtSpionin in diesem Buch vor. Zusammen mit grandiosen Schokotempeln, tollen süßen Produzenten (wie den neuen Wiener Stadtimkern) und Geheim-Tipps für jene, die selber backen wollen. Dies ist die Wien-Bibel für Naschkatzen und GenießerInnen, für junge Kuchentanten und Guerilla-Bäckerinnen. Und Mädels, sehen wir der Realität ins Auge: Dieses Buch ist auch eine Kampfansage an das Kalorien-Zählen! Dafür verhilft es zu einer überraschenden philosophischen Erkenntnis: Das Leben ist ein Honigschlecken.

Viel Spaß mit Wien wünscht Euch allen,
den Madln und natürlich auch den Buam

Eure Stadtspionin
Sabine Maier

Süße Shops

Gesund naschen

Süße Produzenten

Süßes aus der Factory

Zubehör & Kurse

Die besten Klassiker

Kuchen-Salons

Demmers Teesalon

Cup n' Keks

Fett+Zucker

Bakery im Hotel Daniel

Süssi

Mami's Möhspeis

CupCakes Wien

Cupcakes Manufaktur

Naschsalon

Uli's Patisserie

Teenorissimo

Pure Living Bakery

Marzipanina

himmelblau

12 munchies

12 munchies black market

Demmers Teesalon

It's tea time

Mölker Bastei 5
1010 Wien

Mo – Fr 10.00 – 18.00

www.tee.at

Mondän und chic, mit einem Hauch **Sixties:** Der Demmer Teesalon zieht sich im 1. Stock über die gesamte Galerie des berühmten Teegeschäfts. In dick gepolsterten Fauteuils und ohne die Innenstadt-übliche Kaffeehaushektik kann man hier nicht nur eine perfekte Kanne Tee genießen, sondern auch eine ganze Reihe kleiner **Sweets:** Da werden zuerst einmal, passend zum Tee, englische Spezialitäten wie Scones, Crumpets und Cross Buns serviert, zusätzlich stehen aber auch verführerische Mehlspeisen wie **Schoko-Tarte** und Strudel auf der laufend wechselnden Karte!

Cup n' Keks

Ein Mädchen-Traum in Pastell

Vom Online-Shop zur Kuchenbar: Lange Zeit waren die feinen, **filigranen** Kekse und Küchlein von Helga Kießling und ihren Töchtern nur im Web erhältlich, aber nun gibt's ein kleines rosa-weißes **Puppenstuben**-Lokal mit einer Handvoll Sitzplätze in prominenter Lage. Am Hohen Markt verkaufen die drei Frauen ihre süßen Kreationen: klassische Cupcakes mit Creme-Topping, feine Küchlein mit Zuckerfondant-Motiven (laktosefrei!), **Push-Up-Cakes** und eine kleine Auswahl an Keksen. Dazu passend wird Kaffee und Kakao in Blümchen-Porzellan serviert!

Hoher Markt 8-9
1010 Wien
Tel. 0660 511 0726

Mo – So 10.00 – 18.30

www.cupnkeks.at

Fett+Zucker

Berlin-Feeling mit Apfelstreusel

Hollandstraße 16
1020 Wien
Tel. 0699 11 66 00 92

Mi – Fr 13.00 – 21.00
Sa + So 11.00 – 21.00

www.fettundzucker.at

Schauen wir den Kalorien ins Auge! Das hippe Kuchen-Café in der Nähe des **Karmelitermarkts** versucht erst gar nicht, irgendwas zu beschönigen. Mit viel Humor teilt hier die Architektin IiF ihre Liebe zum Kuchen mit anderen. Bäckt großartigen Apfelstreusel (vegan), perfekten **Cheese Cake** und saftiges Banana Bread. Gegessen wird an Küchentischen vom Flohmarkt und Sofas aus den 60ern, die Wände verzieren getapte Comics. Lässig und **sympathisch,** wie man es aus Berlin kennt. Und perfekt für die moderne Version des Damen-Kränzchens!

Bakery im Hotel Daniel

Urbane Zuckerseiten

Lässig, dass sich das fesche Grazer Design-Hotel Daniel auch in Wien niedergelassen hat. Noch lässiger: Die **Eingangs-Lobby** ist eine Bakery für alle! TouristInnen wie WienerInnen sitzen in dem stylish möblierten, luftig hellen Loft, chillen, arbeiten (free W-Lan!) und essen. Die Hauptspeisen: international wie das Publikum. Die frischen Desserts: aus der **hauseigenen** Bakery – Creme Brulée, Cookies, Muffins, gschmackige Wiener Klassiker. Freut weitgereiste Dessertfreunde und auch Wiener **Zuckergoscherln!** Denn hier reist man nicht mit dem Finger auf der Landkarte, sondern mit dem Finger am Teller.

Landstraßer Gürtel 5
1030 Wien
Tel. (01) 901 310

Täglich 6 30 – 1.00
(Küche bis 23.00)

www.hoteldaniel.com/
de/vienna/bakery.html

Süssi

Wo Sisi auf Süßes trifft

Operngasse 30
1040 Wien
Tel. (01) 943 13 24

Di – Sa 11.00 – 21.00
So 13.00 – 21.00

www.suessi.at

Einer der ungewöhnlichsten Orte von Wien nennt sich selbst **Salon de Thé** und ist in Wahrheit ein Gesamtkunstwerk. Im verspiegelten Salon mit Sisi-Porträt sitzt man auf rot-gold-bezogenen Stühlen unter einem riesigen Luster und schwelgt in Torten, **Cremes** und Quiches. Besitzer David d'Bonnabel serviert die grandiosen Kalorien-Bomben mit vielen Extras: seiner Liebe zu Kaiserin Sisi und entzückendem Porzellan, mit Kitsch, **Flair** und schräger Nostalgie. Da drin kriegt garantiert jede glänzende Augen!

14

Mami's Möhspeis

Retrowelle an der Kuchenfront

Mitten in Margareten haben Daniela (plant eigentlich Hochzeiten) und Johannes (Hauptberuf: Banker) ihre kleine, sehr feine Kuchenbar eröffnet. Hier werden keine Designer-Kekse oder Cupcakes kredenzt, nein: Serviert werden **österreichische** Mehlspeisen, die jeden Tag frisch im Burgenland nach Original-Rezepten der Mami gebacken werden – Mohnstrudel, Linzer Augen (köstlich!) und **Blechkuchen** der Saison. Dazu gibt's perfekten Kaffee (nämlich eine Spezial-Röstung von Wiens Meister-Rösterin Johanna Wechselberger) und **wohlige** Wohnzimmer-Atmosphäre.

Schönbrunner Straße 72
1050 Wien
Tel. 0680 11 25 060

Mo – Do 9.00 – 19.00
Fr 9.00 – 16.00

www.mamis-moehspeis.
at

CupCakes Wien

130 Gramm Liebe

Josefstädter Straße 17
1080 Wien
Mo – Fr 10.00 – 19.30
Sa 10.00 – 18.00

Albertgasse 17
1080 Wien
Mo – Fr 10.00 – 19.30
Sa 10.00 – 18.00
So 11.00 – 18.00

www.cupcakes-wien.at

Da geht einem das Herz auf! Renate Gruber brachte die Cupcakes nach Wien und ihre Läden sind auf eine Art und Weise **kitschig,** dass nur das Wort „hinreißend" passt. Im rosa-weißen Wonderland in der Josefstädter Straße kann man sogar durch eine Glaswand in die Backstube reinschauen, wo laufend die kleinen Kunstwerke entstehen: Küchlein mit Heidelbeercreme, mit **Kokos-Topping** oder Vanille-Zitronen-Häubchen. Täglich werden bis zu 20 verschiedene Cupcake-Sorten hergestellt. Die kann frau dann **glücklich** nach Hause tragen oder an einem Tischchen vor Ort verzehren – in der Albertgasse auch im Garten.

Cupcakes Manufaktur
Zuckersüße Träume

Ein bisschen American Dream gefällig? In der Cupcakes Manufaktur sitzt frau auf lila **Samtstühlen** vor silberner Barock-Tapete und genießt, umgeben von opulenten Riesentorten, kunstvollen Zuckerblüten und Cakepops am Stiel, **süchtigmachende** Minikuchen. Die entstehen in der eigenen Backstube – täglich frisch und mit viel Liebe dekoriert. Von Limette bis Karamell sind die Cupcakes hier nicht ganz so mächtig wie ihre amerikanischen Vorbilder, das **Topping** besteht nämlich aus einer Topfen-Mascarpone-Mischung! Sehr gelungen!

Liechtensteinstraße 16
1090 Wien
Tel. (01) 90 49 212

Mo   Sa 10 30 – 18.30

www.cupcakes-
manufaktur.at

Naschsalon

Der Apfel im Sackerl

Liechtensteinstraße 38a
1090 Wien
Tel. 0664 453 41 93

Mo – Fr 7.30 – 19.00
Sa 8.00 – 17.00

www.naschsalon.at

Sogar von der Straße aus kann man im Naschsalon beim Backen zusehen. Eine gläserne Eingangstür gibt den Blick auf die Backstube frei, die Tür daneben führt ins kleine Café. Hier wird nur **Selbstgemachtes** verkauft: Kürbiskernkuchen, Parisertorte, Tarte au citron oder Schaumröllchen – in der Vitrine türmt sich das **Backwerk.** Die Zutaten werden meist am Markt gekauft, sind also regional und oft auch bio. Besonders originell präsentiert sich im Naschsalon der Apfelstrudel. Der kommt hier in einzelnen Portionen daher: als leckeres **Strudelsäckchen.**

Uli's Patisserie
Bella vita in der Porzellangasse

Für original italienische Dolci geht man ja weite Wege. Aber gleich bis nach Rom? Muss ja zum Glück auch nicht sein, schließlich importiert Uli Ingram **südliches Naschwerk** ganz bequem nach Wien. Ein randvoll gefüllter Lkw tuckert die Leckereien mehrfach im Monat von einer römischen Konditorei tiefgekühlt direkt in Uli's Patisserie: Mini-Törtchen und Cannoli, Frucht-Kuchen und **Profiteroles.** Übrigens: Kalorien-Zählen ist hier nicht erlaubt, das ist ein Paradies für hemmungslose Schlemmer!

Porzellangasse 49A
1090 Wien
Tel. 0660 340 08 30

Mo – Fr 8.00 – 19.30
Sa 10.00 – 18.00

www.ulis-patisserie.at

Teenorissimo

Sweet Times im Puppenhaus

Wittegasse 2
1130 Wien

Di – Fr 9.00 – 12.00,
14.00 – 18.30
Sa 9.00 – 16.00

www.teenorissimo.eu

Klein und ungewöhnlich: Sandy Pinderaks Reich ist das entzückendste Teehaus von Wien. Wobei „Häuschen" vielleicht zutreffender wäre. Im Erdgeschoss, ganz in Weiß im **Landhaus-Stil** gehalten, werden ausgesuchte Teesorten verkauft. Dazu gibt's passendes Schoko-Konfekt, Gelee, Kandiszucker und Kekse. Auf der kuscheligen Galerie, die man über eine steile Holztreppe erreicht, stehen vier Tischchen, an denen man frühstücken, Kuchen essen und stilecht den **Five o'clock Tea** nehmen kann. Sehr gemütlich!

Pure Living Bakery

Kalifornische Leichtigkeit

Selbst an einem trüben Tag fühlt man sich hier wie in einem sonnigen Café am Strand von Los Angeles! Mit der Pure Living Bakery hat die vielgereiste Kirsten Pevny das **originellste** Kaffeehaus Wiens geschaffen: bunt, hell, vollgestopft mit Sofas und Vintage-Möbeln aus aller Welt. Auch zu essen gibt es Ungewöhnliches: heiße Waffeln mit Ahornsirup, Applecrumble, Cookies und warm servierte **Cinnamon Rolls.** Nach dem Erfolg in Hietzing hat Pevny die Bakery auch nach „Downtown" gebracht: Nun gibt's Shabby-Look mit einem Hauch **Surfer-Feeling** auch in der Burggasse. Ungemein sympathisch, das Ganze!

Altgasse 12
1130 Wien
Mo – Fr 9.30 – 19.00
Sa, So 10.00 – 19.00

Burggasse 68
1070 Wien
Di – Fr 8.00 – 20.00
Sa, So 10.00 – 20.00

www.purelivingbakery.com

21

Marzipanina

Mehlspeisen-Kleinod im Gemeindebau

Rosenackerstraße 12
1160 Wien
Tel. 0699 11 10 39 27

Mi + Do 14.00 – 18.30
Fr 9.00 – 18.30
Sa 9.00 – 13.00

Mitten im Areal eines Gemeindebaus im 16. Bezirk liegt ein verstecktes **Paradies:** Martina Hofkirchner alias Marzipanina zaubert hier traumhafte Mehlspeisen und Torten zu allen Anlässen. In der kleinen **Konditorei,** die meistens von der Mama mitbetreut wird, werden täglich bis zu zehn verschiedene Leckereien serviert: Marzipan-Törtchen, Himbeer-Topfen-Roulade (hmmm!) oder **Pariser Spitz.** Hochwertige Zutaten und die Liebe zum Detail schmeckt man – den Einfluss von Lehrmeister Fruth auch. Und die Preise dafür sind ungemein günstig!

himmelblau

Charmant am Kutschkermarkt

Wenn allein schon der Name **gute Laune** macht, kann ja kaum noch was schiefgehen. Und tatsächlich, das himmelblau ist so ein Ort, an dem man spätestens beim Hinsetzen weiß: Das ist gut. Im angesagten **Shabby Chic** hat Nicole Ott ihr „Wohnzimmer am Kutschkermarkt" eingerichtet. Die Quereinsteigerin, die in Italien und Amerika lebte und in Chicago ihre Patisserie-Ausbildung machte, hat eine richtig sympathische Oase geschaffen: leger, unkompliziert – und so **bildhübsche** Kuchen (Zitronenküchlein und Zwetschkenfleck: hmm!) unterm Glassturz!

Kutschkergasse 36
1180 Wien
Tel. 0660 77 41 410

Mo – Fr 8.00 – 21.00
Sa + So 8.00 – 18.00

www.himmelblau18.at

12 munchies

Für Schnabulierer und Kuchentiger

Aumannplatz/ Ecke
Türkenschanzstraße
1180 Wien
Tel. 0650 861 09 80

Mo – Sa 9.00 – 18.00

www.facebook.
com/12munchies

Drei Freunde (aus Berlin, Schweden und Graz) haben sich ihren langjährigen **Traum** erfüllt und am Aumannplatz ein kleines – ja was ist das eigentlich? – eröffnet. Café? Kuchenladen? Imbiss? Egal, jedenfalls ist das 12 munchies richtig nett. Mit lässigen **Vintage-Möbeln** und heftigem Berlin-Feeling. Da sich die drei beim Backen abwechseln, sieht die Karte jeden Tag etwas anders aus. Muffins, Cupcakes, Crumbles und Brownies gehören zu den Standards, dazu gibt es je nach Lust, Laune und Bedarf **Quiches,** Sandwiches und Salate. Fein!

12 munchies black market

Amerikanische Sweets am Marktplatz

Ein vergessener Markt, ein verschlafener Platz, ganz einsam mittendrin: Wiener **Hippness.** Ungewöhnlich, dieser Ort, den sich die stadtbekannten 12 munchies da für ihren ersten Ableger namens black market ausgesucht haben: ein lässig renoviertes **Mini-Standl,** die Wände schwarz, die Tische weiß. Die Homebase ist nicht weit entfernt, die Vitrine ist auch hier voller handgemachter Sweets in amerikanischer und britischer Tradition. **Rasberry Cheesecake,** Peanutbutter Cups, Nutella-Banane-Cupcakes. Echt fein, dass da ein verstecktes Platzerl so lecker bespielt wird!

Johann Nepomuk Vogel-Markt
1180 Wien
Tel. 0650 861 09 80

Mo – Fr 11.00 – 17.00

www.facebook.
com/12munchies

25

Espresso-Bars

Unger und Klein im Hochhaus
Radlager Palazzo
kaffeefabrik
Akrap Finest Coffee
Kaffeemodul
Caffè a Casa
Vienna School of Coffee
Coffee Pirates
POC – People On Caffeine
CaffèCouture
el cafe
Baristarie

Unger und Klein
Im Hochhaus: Glaspalast auf kleinstem Raum

Herrengasse 6-8
1010 Wien

Mo – Fr 8.00 – 22.00
Sa 10.00 – 22.00

www.imhochhaus.at

Ein bisschen „sehen und gesehen werden" ist das hier am Eck der Herrengasse ja schon. Im ersten **Hochhaus** Wiens (erbaut 1932!) haben sich die Weinhändler Unger und Klein mit dem wahrscheinlich kleinsten Kaffeehaus der Stadt einquartiert. In dem architektonisch ungewöhnlichen Gebilde sitzt man, nur von **Glaswänden** umgeben, im Halbkreis um den Tresen und trinkt wunderbaren Espresso aus der Berliner Rösterei **Andraschko**. Dazu gibt's Paninis von Ella de Silva (Restaurant Finsterer Stern!) – und den hauseigenen Wein kann man natürlich auch verkosten. Ziemlich schick!

Radlager Palazzo
Schöne Räder & guter Kaffee

Wie passen Retro-Rennräder und neapolitanischer Kaffee zusammen? Erstaunlich gut! Überzeugen davon kann man sich im Radlager, das **chilliges** Kaffeehaus und trendiger Rad-Shop gleichzeitig ist. Während an seltenen 70er-Jahre Drahteseln rumgeschraubt wird, rattert die Espresso-Maschine gemächlich vor sich hin. Die spuckt Kaffee aus einer italienischen **Mini-Rösterei** aus, dazu werden Kuchen und Snacks serviert. Durchwegs lecker, unkompliziert und sowas von chic: Von den puristisch grauen Wänden baumeln bunte **Biciclette!**

Operngasse 28
1040 Wien
Tel. 0699 19 56 33 95

Mo – Mi 10.00 – 20.00
Do – Sa 10.00 – 24.00

www.radlager.at

kaffeefabrik

Surfen auf Koffein-Wellen

Favoritenstraße 4-6
1040 Wien
Tel. 0660 178 90 92

Mo – Fr 8.00 – 18.00
Sa 11.00 – 17.00

www.kaffeefabrik.at

The Third Wave of Coffee! Was das ist? Die **neue** Kaffeehaus-Kultur, wo gemütliche Bar auf hauseigene Rösterei trifft. Der Trend kommt aus Amerika, Tobias Radinger war einer der ersten, der ihn mit seiner kaffeefabrik auch nach Wien brachte. Geröstet wird selbst, die Bauern kennt man **persönlich,** das Equipment ist sowieso top. Und wenn in der kaffeefabrik die hochwertige **Dalla Corte** Espressomaschine anspringt und großartigen Kaffee ausspuckt, dann ist kein äußeres Klimbim mehr nötig. Deshalb: kleiner Raum, weiße Tische, reduziertes Design!

Akrap Finest Coffee

Ruhepol in Mariahilfer Straßen-Nähe

Christian Akrap hat nicht nur den richtigen Kaffee-Geschmack, sondern weiß auch, wie man sich's gemütlich macht: Im kleinen Laden am Eck der hippen Theobaldgasse mit dunklem **Dielenfußboden,** einfachen Fenstertischen und dem Tresen aus alten **Kaffeebohnen-Säcken** fühlt man sich einfach willkommen. Der Kaffee, der in der eigenen Manufaktur in Mailand geröstet wird (und den es hier auch zu kaufen gibt), ist sicherlich einer der besten in Wien. Dazu gibt's hausgemachte **Bio-Cantuccini** (wirklich gut!) und Kuchen im Glas.

Königsklostergasse 7/6
1060 Wien
Tel. (01) 587 21 52

Mo – Fr 9.00 – 17.30
Sa 10.00 – 16.00

www.akrapcoffee.com

31

Kaffeemodul
Philosophieren über schwarze Bohnen

Josefstädter Straße 35
1080 Wien
Tel. 0680 403 61 56

Mo – Fr 7.30 – 17.30

www.kaffeemodul.at

Hier geben sich Business-Ladies und Studenten die Klinke in die Hand. Was die gemeinsam haben? Sie alle sind **Aficionados,** die ihre Leidenschaft im Kaffeemodul stillen: nach würzigem Espresso, schokoladigem Cappuccino, beerigem **Filterkaffee.** Die Mischungen stammen von einem Hamburger Klein-Betrieb, ein norddeutsch-oberösterreichisches Duo kocht daraus exzellenten Sud. Während man sich's im blau-weißen Mini-Lokal gemütlich macht, geben die Köche schon mal **Insider-Tipps:** über die richtige Zubereitung, faire Herkunft und den perfekten Kaffeegenuss. Angenehm unkompliziert!

Caffè a Casa

Voller Geschmack im Servitenviertel

Seine ersten Kaffeebohnen hat Ilker Amuraben in Wok-Pfannen geröstet. Heute steht er wöchentlich an seiner eigenen Röstmaschine im **Showroom** des Caffè a Casa in der Servitengasse. Warum Showroom? Weil Ilker mittlerweile über fünf verschiedene Sorten Kaffee selbst produziert und zum Verkauf anbietet. Und alle können in der netten **Coffee-Bar** gekostet werden. Das Lokal mit einigen wenigen Sitzplätzen am Fenster ist schlicht-weiß gehalten, im Mittelpunkt stehen hier eindeutig die goldenen Kaffee-Verpackungen. Und auch ausgepackt ist der Kaffee ein echtes **Highlight!**

Servitengasse 4a
1090 Wien
Tel. (01) 315 19 78

Mo – Fr 8.00 – 18.00
Sa + So 9.00 – 17.00

www.caffeacasa.net

Vienna School of Coffee

Lernen bei der Meisterin des Kaffees

Hahngasse 22
1090 Wien
Tel. 0650 639 93 60

Sa 10.00 – 15.00
und nach Vereinbarung

www.
viennaschoolofcoffee.at

Von ihrer Sorte gibt's weltweit nur fünf Stück: Johanna Wechselberger ist Master-Barista und DIE Anlaufstelle für alle Kaffeeliebhaber der Stadt. In den **Kursen** der Kaffee-Schule zeigt sie, wie man Kaffee verkostet und wie man den perfekten Kaffee brüht, egal ob mit einer Espressomaschine, Filter oder Stempelpresskanne. Auch die **Profis** (wie Robert vom POC oder Georg vom CaffèCouture) holen sich hier die Tipps: Jeden Samstag ist „Open Shop" für alle, auch für „nur" Neugierige. Da wird philosophiert, **ausprobiert** und gekostet. Und den großartigen Kaffee der Rösterin gibt's dann natürlich auch zu kaufen!

Coffee Pirates
Erfrischende Kaffee-Bar für Abenteurer

Meine Güte, ist das hier gemütlich! Bei den Coffee Pirates, einem innovativen **Third Wave** Kaffeehaus mit eigener Rösterei, fühlt man sich verdammt gut aufgehoben: zwischen Ohrensesseln, heller Holzvertäfelung und einer schnurrenden Kaffee-Maschine. Und mit einer Tasse **Pirates Blend,** der exzellenten (!) Kaffee-Mischung, in der Hand. Dazu gibt's homemade Cheese Cake und Muffins, günstig-gute **Paninis** (Empfehlung: Rohschinken- Parmesan), frisch gepresste Limonaden und Smoothies. Unbedingt entern, Ladies & Gentlemen!

Spitalgasse 17
1090 Wien

Mo – Fr 8.00 – 18.00
Sa 9.00 – 15.00

www.kaffeepiraten.at

POC – People on Caffeine

Kaffee-Purismus in der Kirche

Schlösselgasse 21
1090 Wien

Mo – Fr 8.00 – 17.00

www.facebook.com/
poccafe

Man muss schon genau schauen, um den Eingang zu dieser besonderen Coffee-Bar zu entdecken, sie befindet sich nämlich in einem Seitentrakt der **Alserkirche!** In dem schmalen Raum mit Rundbogenfenstern, Eichendielen und alter **Werkbank** als Tresen, zaubert Robert Gruber Kaffee in seiner Perfektion. In Amsterdam hat sich der junge Waldviertler der Wissenschaft der schwarzen Bohne verschrieben und tüftelt seither am vollsten Aroma und luftigsten **Milchschaum.** Dazu gibt's süße Leckereien von den 12 munchies!

CaffèCouture

Simpel, aber raffiniert

Milch und Kaffee. Mehr steht nicht auf der Karte im CaffèCouture und genauso **reduziert** gestaltet sich das ganze Lokal: ein großer weißer Tisch, eine Handvoll Sitzplätze, ein Tresen aus lackierten Euro-Paletten und eine Karaffe mit Wasser zur freien Entnahme. Mehr braucht es aber auch nicht, denn der Kaffee, der hier im Mittelpunkt steht, ist schlicht ausgezeichnet. Georg Branny, **Barista** und mehrfacher Staatsmeister, widmet sich der perfekten Crema mit **wissenschaftlicher** Präzision. Übrigens: Der Preis richtet sich danach, wie viel einem der gute Kaffee wert ist – könnte teuer werden ;-)

Garnisongasse 18
1090 Wien

Mo – Fr 8.30 – 17.00

www.caffecouture.com

37

el cafe

Röstparty in der Koffein-Tankstelle

Alserbachstraße 3
1090 Wien
Tel. 0664 101 73 01

Mo – Fr 9.00 – 18.00
Sa 9.00 – 13.00

www.elcafe.at

Othmar Müller ist passionierter Kaffee-Liebhaber und -Sommelier: In seinem netten Café, pardon, eigentlich Kaffeerösterei mit angeschlossener Koffein-Tankstelle, schmeckt man **Sorgfalt** und Qualität aus jeder Tasse. Highlight: die knallrote Röstmaschine mitten im Geschäft. Ganz spezielle Kaffeesorten, **fair** gehandelt aus aller Welt (100% Hochland-Arabicas!), werden hier von Hand frisch geröstet und verkauft. Empfehlung für Wissens-Durstige: die el cafe **Röstpartys** – da gibt's regelmäßig alle Details zum schwarzen Glück!

Baristarie

Voll im Geschmack, fruchtig im Abgang

Ja, da sind Profis am Werk! Wirklich unerwartet, wie hier am äußersten Stadtrand die **Kaffee-Kunst** auf die Spitze getrieben wird: in der Baristarie, einer versteckten Mini-Rösterei. Unter der Woche sind da die **Röst-Trommeln** voll im Betrieb, am Wochenende werden auch die Pforten zum vorderen Kaffeehaus-Bereich geöffnet. Dann kommt nur in die Tasse, was frisch geröstet und direkt gehandelt ist: **äthiopische Kirschen**, kenianische Duftnoten, Handgepflücktes aus Indonesien. Das Ergebnis? Ein Geschmacks-Erlebnis, das die längere Anreise schon ab dem ersten Schluck vergessen macht!

Linzer Straße 403
1140 Wien
Tel. (01) 924 58 56

Fr 10.00 – 18.00
Sa 14.00 – 18.00

www.baristarie.at

Schoko-Tempel

Melounge Ritz-Carlton
Altmann & Kühne
Wiener Schokoladekönig Leschanz
Xocolat
Fabienne Chocolaterie
Fruth
Blühendes Konfekt
Schokov
Confiserie zur Lerche
My Chocolate
Zum süßen Eck
Lindt Chocolade Boutique

Melounge Ritz-Carlton

Luxus-Schokoladen-Verkostung mit Sommelier

Schubertring 5
1010 Wien
Tel. (01) 311 88

Mo – So 6.30 – 23.00
Chocolate Time 15.00 –
18.00

www.ritzcarlton.com

Der neueste Trend in Wien? Essen und Trinken in schicken Hotels. Das beamt einen ruckzuck in so eine feine internationale Stimmung, ganz ohne dass man das Land verlässt. Der **Geheim-Tipp** für die neuen Hotelfans ist das elegante Ritz-Carlton: Hier wird nämlich jeden Nachmittag die **Chocolate Time** ausgerufen. In der Lobby Lounge „Melounge" werden da von einem Schoko-Sommelier aus verschiedenen Arten köstlicher **Criollo-Schokolade** heiße Schokoladen hergestellt, in Kupfertöpfen gekocht, in Espressotassen gefüllt und mit frischen Früchten serviert. Ja, es gibt ein Paradies auf Erden!

Altmann & Kühne

Puppenstuben-Format und Kaiser-Flair

Ein Naschkasterl für Naschkatzerl? Das gibt's bei
Altmann & Kühne, wo **Pralinen** die schönste
Verkleidung der Stadt kriegen. Verpackt werden sie
in bunt illustrierte Schachteln, die als Kommoden,
Spiegelschränke, Herzen und Bücher daherkommen,
befüllt werden die kleinen **Kunstwerke** in der
hauseigenen Manufaktur. Und zwar mit klassischem
Konfekt, das nach Pistazie, Nougat und Himbeere
schmeckt. Oder mit einer besonderen Spezialität:
Pralinen in winziger **Liliput-Größe.** Der Shop steht
übrigens unter Denkmalschutz, Josef Hoffmann plante
ihn vor über 100 Jahren.

Am Graben 30
1010 Wien
Tel. (01) 533 09 27

Mo – Fr 9.00 – 18.30
Sa 10.00 – 17.00

www.altmann-kuehne.at

43

Leschanz

Wien in seiner komprimiertesten Form

Freisingergasse 1
1010 Wien
Tel. (01) 533 32 19

Mo – Fr 10.00 – 19.00
Sa 10.00 – 18.00

www.leschanz.at

Das Interieur stammt aus dem vorvorigen Jahrhundert, als das Geschäft noch der „Knopfkönig" war, über der Tür prangt ein goldener Doppel-Adler und gnädige Frauen werden mit Handkuss begrüßt. Ein Besuch beim Wiener **Schokoladekönig** Leschanz ist ein bisschen wie eine Zeitreise ins alte Wien. Und genauso charmant sind auch die in der eigenen Manufaktur sorgfältig hergestellten Schokolade-Kreationen: Schoko-Zigarren, Katzenzungen, Schokolade-Kaviar oder **Blumenkinder-Trüffel.**
Übrigens: Knöpfe gibt es hier immer noch – nämlich aus Edelvollmilch-, Haselnuss- und Weißschokolade.

44

Xocolat

Der wahrscheinlich bestsortierte Schoko-Laden der Welt

Der eleganteste Schokoladen-Tempel der Stadt
residiert im **Palais Ferstel.** Auf mehreren Ebenen
wird tatsächlich von jedem weltweit erhältlichen
Schokoladentyp die jeweils beste Sorte geführt.
Wer angesichts von **Hunderten** verschiedenen
Tafelschokoladen, Spezialitäten und Konfekt nicht mehr
weiß, was er kaufen soll, bekommt eine kompetente
und unglaublich nette Führung durchs Paradies. Das er
dann mit der göttlichen **Porcelana** der toskanischen
Manufaktur Amedei, dem Geheim-Tipp Chuao
Coppeneur oder der Schweizer Bio-Plantagenschokolade
von Akesson verlässt.

Freyung 2 (Passage im
Palais Ferstel)
1010 Wien

Mo – Fr 10.00 – 18.30
Sa 10.00 – 18.00

www.xocolat.at

45

Fabienne Chocolaterie

Belgische Pralinen auf der Wollzeile

Wollzeile 5
1010 Wien
Tel. (01) 51 23 422

Mo – Fr 10.00 – 18.45
Sa 10.00 – 17.00

Kleiner Laden mit großem Inhalt: Im ältesten belgischen Schokoladegeschäft von Wien stapeln sich **sündhafte** Pralinen aus dem Benelux-Staat in den Vitrinen. Manons, Nougat, Marzipan oder Trüffel – das fachkundige Personal hilft bei der Entscheidung. Verpackt werden die Leckereien in sogenannten **Ballotins,** einer belgischen Spezialschachtel zur Bewahrung der delikaten Frische. Zusätzlich gibt's noch eine kleine Auswahl an köstlichen Tafelschokoladen von **Côte d'Or.** Und das etwas schlichte Interieur macht der herrliche Schoko-Duft, der diesen Laden erfüllt, dreimal wett!

Fruth
Pariser Flair beim Markt

Monsieur Fruth, begnadeter Patissier und Konditormeister, führt in der Nähe des Naschmarkts ein **charmantes** Jugendstil-Geschäft ganz in Weiß. Mit einer Vielzahl an Schubladen und Vitrinen, in denen sich seine **selbstgegossenen** Schokoladetafeln, dünne Schokoplättchen mit Cranberrys oder Salz, Schokotrüffel, Eclairs und Konfekt finden – und vor allem die nach **Geheimrezept** hergestellten, köstlichen Trinkschokoladen. Fein in Rexgläser abgefüllt, muss die Creme nur noch in Milch aufgelöst werden. Es gibt sie mit Chili, Zimt oder ganz klassisch „Amer". Nicht billig, aber zum Niederknien!

Kettenbrückengasse 20
1040 Wien
Tel. 0664 143 22 43

Di   Fr 11.00 –19.00
Sa 9.00 – 17.00

www.fruth.at

Blühendes Konfekt

Zartes und Zerbrechliches zum Genießen

Schmalzhofgasse 19
1060 Wien
Tel. 0660 34 11 985

Mi – Fr 10.00 – 18.30

www.bluehendes-
konfekt.com

Die Liebe zu **Wildkräutern** und Blüten entdeckte der gelernte Betriebsinformatiker schon im Garten der Großeltern. Heute ist Herr Diewald ein großer Sammler und Kenner – und Besitzer einer ungewöhnlichen Manufaktur: Er stellt „blühendes Konfekt" her, kleine Pralinen-Kostbarkeiten von **fragiler** Schönheit. Die ungewöhnlichen Kreationen sind nicht billig, aber wann kann man schon Eisblumen-Schokolade mit **Rosenweihrauch** und Kardamom essen? Oder Walderdbeer-Pralinen mit Sauerkleeblüte? Eben!

Schokov
Der Shop der Sünde

„Extraordinary Chocolates for Extraordinary People"
lautet das Motto von Thomas Kovazh, bekennendem
Schoko-Freak. In seiner ganz reduziert gehaltenen
Boutique findet man die feinste Schokolade von den
berühmtesten Chocolatiers. Egal, ob es sich bei diesen
Stücken um Brombeer-, **Meersalz-,** Erdäpfel- oder
100%-ige Schokolade handelt: Sie sind auf alle Fälle
außergewöhnlich. Bester Beweis dafür sind die edlen
Kreationen vom spanischen Schoko-Weltmeister Oriol
Balaguer: Pralinen, gefüllt mit **Safran,** Mais und Trüffel.

Siebensterngasse 20
1070 Wien
Tel. 0664 885 13 145

Mo – Fr 12.00 – 18.30
Sa 10.00 – 18.00

www.schokov.com

Confiserie zur Lerche

Naschen mit Jugendstil-Flair

Lerchenfelder Straße 112
1080 Wien
Tel. (01) 406 44 58

Mo – Fr 8.00 – 19.00
Sa 8.00 – 17.00

Weiße Schränke, meterhohe Räume und ein kräftiger Schuss Gold. Shopping mit **Nostalgie-Faktor** ist in der aufgeräumten Confiserie zur Lerche garantiert: Seit genau hundert Jahren wandert da Schoko über den Ladentisch. Dunkel und hell, heimisch und international, gefüllt oder in Schichten, aus **Bio-Eigenproduktion** oder von belgischen Profis. Die Auswahl ist groß und kommt auch gemäßigten Naschkatzen entgegen: Schoko-Bananen, Pralinen & Co. kann man alle auch als **Einzelstücke** (!) kaufen. Und die bunten Schälchen sehen nicht nur hübsch aus, sondern hüllen alles in eine süße Duft-Wolke!

Trinkschoko am
Stiel € 2,50

My Chocolate
Trinkschokoladen aus aller Welt

Ob Schokolöffel, Sirup, lösliche Pralinen oder Kakao-pulver: Hier gibt es sie alle! In bester Lage im 8. Bezirk offenbart sich in einem kleinen, hellen Laden neben einer **feinen** Auswahl an heimischen Schoko-Tafeln und französischen Trüffeln eine beeindruckende Vielfalt an Trinkschokoladen: Aus über 50 **internationalen,** hochwertigen Sorten von Valrhona über Coppeneur bis Pichler kann hier gewählt werden. Und da das gar nicht so einfach ist, können Schwer-Entschlossene deshalb die heißen Schokos auch vor Ort probieren oder als **Schoko to go** genießen!

Alser Straße 49
1080 Wien
Tel. (01) 40 60 066

Mo – Fr 10.00 – 18.30
Sa 10.00 – 13.00

www.mychocolate.at

51

Zum süßen Eck

Old-School-Naschereien

Währinger Straße 65
1090 Wien
Tel. (01) 402 79 74

Di – Sa 10.00 – 19.30
Mo + So 14.00 – 19.30

www.suesseseck.at

Das hier ist kein gestylter Chocolate-Shop, das ist der kollektive **Traum** unserer Kindheit! In dem fast 100 Jahre alten Geschäft (das sogar schon in einem James Bond Film vorkam!) stapeln sich die Naschereien wie in einem Spielzeug-Kaufmannsladen bis unter die Decke. Originell ist auch das Angebot: Für **Naschkatzen** gibt's Altmodisches wie Konfekt in kleinen entzückenden Blechschatullen oder höchst Extravagantes von **Schoko-Gott** Enric Rovira aus Barcelona. Dessen rosa Pfeffer in Schokolade wird sogar offen verkauft! Witzig: die kreativen, laufend wechselnden Schaufenster-Dekorationen!

Lindt Chocolade Boutique

Schmucke Schoko aus der Schweiz

Den goldenen Hasen kennen alle, die enorme Bandbreite der Lindt-Produkte wird einem aber erst in der eleganten Boutique in Hietzing bewusst: Mehrere hundert verschiedene Produkte der Schweizer Marke schmücken hier die Regale. Die klassischen Tafeln, Saison-Ware und **Sondereditionen,** die sonst gar nicht in Österreich erhältlich sind, werden ergänzt durch eine Schoko-Bar mit Lindor-Kugeln und Mini-Täfelchen, die man selbst in ein Sackerl schaufeln darf. Und für den Heimweg gibt's dann noch eine heiße **Schoko to go!**

Hietzinger
Hauptstraße 1a
1130 Wien

Mo – So 10.00 – 18.00

www.lindt.at

Auch in dir steckt eine Selberbäckerin.

Egal ob romantische Cupcakes oder bodenständiger Guglhupf:
Entdecke deinen persönlichen Back-Stil mit den Produkten von Haas.

Inspirationen findest du auf:
www.haasbacken.at
facebook.com/haasbacken

Eis & Frozen Yogurt

Eis-Greissler

Schmeckt nach Kindheit und Land

Rotenturmstraße 14
1010 Wien

täglich 11.30 – 22.00
Achtung: Winterpause!

www.eis-greissler.at

Ja, da kann man sich verlieben! Einmal, weil der Eis-Greissler der **schönste** Eis-Laden weit und breit ist: hinreißend eingerichtet in einer Mischung aus Stil, Humor und **Landhaus-Chic.** Und dann das Eis: zum Niederknien. Produziert von der Bio-Bauernfamilie Blochberger aus der Buckligen Welt, die neben Klassikern auch innovative Eis-Neukreationen aus Spargel oder **Ziegenkäse** entwickelte. Alles bio – und von den rund 20 erhältlichen Sorten sind 7 sogar vegan. Ein bisserl Geduld muss man aber mitbringen: Täglich steht die Fan-Gemeinde vor dem Eis-Greissler Schlange!

Kurt Frozen Yogurt

Eisgekühltes minus Kaloriensünde

Frozen Yogurt liegt grad schwer im Trend! Schmeckt nicht nur frisch, sondern ist auch **kalorienarm** und individuell gestaltbar. Auch bei Kurt im 1. Bezirk (dort gibt's gleich zwei Filialen!) ist Entscheidungsfreudigkeit angesagt: weißer **Tee-Pfirsich,** Heidelbeere oder doch Yogurt pur? Und dann das Topping: Schokodrops, Mandelsplitter, Brownies, liebevoll kleingeschnippelte Kiwis. Die Auswahl ist groß, der Laden wunderhübsch und **stylish.** Und als süße Farbtupfer stehen fröhlich-bunte Sessel vor dem Geschäft in der Fußgängerzone!

Schultergasse 2
1010 Wien
täglich 12.00 – 22.00
Achtung: Winterpause!

Krugerstraße 12
1010 Wien
Mo – Sa 12.00 – 20.00
Achtung: Winterpause!

www.kurtfrozenyogurt.
com

57

Lepantos

Exotisch-aromatische Eisrevolution

Ballgasse 4
1010 Wien

Di - Fr 14.00 – 19.30
Sa 12.00 – 19.30
So 14.00 – 18.00
Achtung: Winterpause!

www.lepantos.at

Das wird ja immer wilder! Zuerst hat das Frozen Yogurt die City erobert, dann wurden wir mit leckerem Bio-Eis verwöhnt. Aber dieser Eis-Salon hier führt gleich nur mehr **Experimente:** Statt Schoko und Vanille produziert die eigene Manufaktur Rote Rüben-Eis (das wunderbar erdig schmeckt), Jasmin-Eis, **Veilchen** mit Gin oder Karamell mit Meersalz. Auch Ingwer und Rosenwasser werden in einen kühlenden Aggregatszustand verwandelt. Testen kann man die ungewöhnlichen **Aromen** im puristisch-weißen Shop in der Altstadt. Interessant!

Malu

Lieblingstopping: Gute Laune

So viel Angebot auf so kleinem Raum! Das farbenfrohe
Malu ist wohl der kleinste **Frozen Yogurt** Shop
in Wien und dafür gibt's gleich zwei davon: In der
Rotenturmstraße und in den Sommermonaten auch im
MuseumsQuartier. Das **FroYo** ist leicht und die Auswahl
an Toppings groß. Wer sich nicht entscheiden kann,
für den gibt's fertige Kombis: Red love (Erdbeeren +
Himbeeren), Crispy Bee (Müsli + Pistazien + Honig) oder
Zealand Cookie (Kiwis + Cookies). Fruchtige Shakes
sind auch im Angebot – Sommer-Sonne-Strand-Feeling
inklusive!

MuseumsQuartier Hof 1
1070 Wien

Rotenturmstraße 22
1010 Wien

Mo – Do 11.00 – 22.00
Fr – So 11.00 – 23.00

www.malu-bar.at

Foxy Frozen Yogurt

Fruchtig-frisch in Naschmarkt-Nähe

Faulmanngasse 1
1040 Wien

täglich 11.00 – 21.00
Achtung: Winterpause!

www.foxyfrozenyogurt.at

Gleich nochmal kalorienarm sündigen! Und zwar bei Foxy, der **ersten** Frozen Yogurt-Bar, die den koreanisch-amerikanischen Trend auch nach Wien brachte. Eine gute Gelegenheit, ohne schlechtes Gewissen zu schlemmen: Das Naturyogurt ist **bio,** das Eis enthält nur wenig Fett und Zucker. Da darf auch das Topping ein bisserl wuchtiger sein: Wie wär's mit **Cookie Crumble** oder karamellisierten Mandelsplittern? Für obendrauf kann man zwischen fruchtig, knusprig oder flüssig wählen, das Obst wird frisch vom benachbarten Naschmarkt angekarrt. Vorsicht Suchtgefahr!

Schoko Company

Eis-Oase im Schokoland

Ja, auf Eis am Naschmarkt haben Schokoholics lang gewartet! Dann hat die Schoko Company, der Shop mit der größten **Zotter-Auswahl** Wiens, gleich Preisgekröntes dorthin gebracht. Die Schleckerei kommt vom steirischen Familienbetrieb **Eisoase,** bei der Herstellung werden süße Zotter-Schokolade-Spezialitäten verwendet. Highlight: die vier Sorten Nobelbitter, Milch, Gelbe Schoko und Kürbiskern-Nougat. Die **Exklusivität** hat zwar ihren Preis, dafür gibt's Zotter pur in eisgekühltem Zustand. Mmmh…

Zotter-Eis in der
Schoko Company
Naschmarkt
Stand 326 – 331
1040 Wien
Tel. 0699 107 94 169

Mo – Fr 9.30 – 19.00
Sa 8.30 – 18.00

www.schokocompany.at

Veganista

Wiens erster veganer Eissalon

Neustiftgasse 23
1070 Wien
Tel. 0664 150 33 66

täglich 11.00 – 19.00

www.veganista.at

100% pflanzlich! Ja, das ist eine Wien-Premiere: Die erste rein vegane Eisdiele ist in der City gelandet. Zwei Schwestern, die sich selbst vor über 20 Jahren der pflanzlichen Ernährung verschrieben haben, servieren Kühles **ohne** Tierisches, **ohne** Farbstoffe, **ohne** Aromen. Die Kreationen in der bunt gefliesten Eisdiele basieren auf Soja-, Hafer- und Kokosmilch, geschmacklich bringen sie Kürbis, **Roasted Coconut** oder regionales Obst in den Siebten. Serviert werden die coolen Spezialitäten natürlich auch vegan: auf Stanitzeln und Cups aus Stärke.

Summer Samba

Original do Brasil

Umbu, Mango, Guave oder Acerola? Ein kleines, einfaches Eisgeschäft am Yppenplatz bringt Exotik nach Wien! Hier hat man sich den **Tropen** verschrieben: Ausschließlich brasilianische Früchte werden in erfrischend-leichtes Eis verwandelt. Die Rezepte haben die Betreiber direkt vom Amazonas mitgebracht, der hohe **Fruchtanteil** sorgt für einen intensiven Geschmack, auf Farb- und Zusatzstoffe wird verzichtet. Rund zehn Sorten stehen zur Auswahl, darunter auch einige vegane. Durchkosten und die **südamerikanische** Sonne scheinen lassen!

Yppengasse 1
1160 Wien

täglich 12.00 – 19.00
Achtung: Winterpause!

www.summersamba.eu

Süße Shops

Zuckermaus
Patisserie Zum Schwarzen Kameel
Waldland
Merkur Hoher Markt Patisserie
Sweet&Spicy
Die Süße
Lili Markt
candy doc
sartori – Die Torte
Funny Cookies
Varietas
Guerilla Bakery

Zuckermaus

Charmantes Relikt vergangener Zeiten

Straßenbahnstation
Schottentor
1010 Wien

Mo – Fr 8.30 – 21.00
Sa – So 10.00 – 20.00

Ein süßes **Kleinod,** an dem viele wahrscheinlich zehntausendmal vorbeigelaufen sind – und es doch nie sahen. Die Zuckermaus versteckt sich hinter einer Säule bei der Straßenbahn-Station am Schottentor, Ecke Uni und wirkt mit den eng geschlichteten Naschereien wie ein Überbleibsel aus längst vergangener Zeit. Dazu passend werden die Schokoladen, **Bonbons** und sämtliche andere Süßigkeiten (hier gibt's wirklich alles!) in dem kleinen **Zuckerl-Kiosk** noch einzeln verkauft! Das hilft beim Gewichthalten ungemein ;-)

Zum Schwarzen Kameel

Die ganze Welt in einem Glas

Der noble Shop mit seinen 11 Quadratmetern ist winzig und die Auswahl ist hier auch nicht groß. Völlig egal – die süße Dependance des bekannten **Gourmet-Tempels** muss man trotzdem besuchen. Denn in der schwarzen Jugendstil-Vitrine (einem Original von Josef Hoffmann!) stehen neben hausgemachter Schokolade die sogenannten **Süßen Gläser.** In die werden schichtweise Cremen, Schokoladen, Mousses oder Früchte gefüllt und zu wunderbaren Mischungen wie „Schoko pur" oder „Apfelstrudel" komponiert. Verdammt hoher **Suchtfaktor!**

Bognergasse 7
1010 Wien
Tel. (01) 533 81 25 30

Mo – Sa 10.00 – 18.00

www.kameel.at

Waldland

Die Blume des Waldviertels

Petersplatz 11
1010 Wien
Tel. (01) 533 41 56

Mo – Fr 9.00 – 18.00

www.waldland.at

Zumindest einmal muss man im Juli die blühenden Mohnfelder des Waldviertels gesehen haben! Waldviertler **Graumohn,** der bis 1934 sogar an der Londoner Börse gehandelt wurde, ist der Rohstoff für viele Köstlichkeiten: Knödel, **Tatschkerl,** Zelten, Strudel und Nudeln. Dass der Mohn heute wieder im nördlichen Niederösterreich angebaut wird, ist dem Verein Waldland zu verdanken, einem Zusammenschluss von 800 Waldviertler LandwirtInnen. Im schönen Waldland-Shop am Petersplatz kann man die mohnigen Produkte der Bauern täglich frisch kaufen: von der **Mohntorte** bis zum Tatschkerl.

Merkur Hoher Markt

Endlos lange Törtchen-Meile

Ein Hauch von Luxus: Der schicke Merkur-Store am Hohen Markt lockt mit feinen **Delikatessen** und besonderer Optik. Im ersten Stock findet sich die hauseigene **Patisserie:** Scheinbar endlos ist die Vitrine, in der Dutzende bunte Törtchen, feine Tartes und klassische Strudel auf glückliche Besitzer warten. Ein paar gemütliche Sitzplätze gibt's auch und durch eine Glasscheibe kann man bei Kuchen und Kaffee den KonditorInnen bei der Arbeit zusehen. **Empfehlung:** Die exzellente (!) Bruch-Schokolade, die täglich frisch ins Haus geliefert wird!

Hoher Markt 12
1010 Wien
Tel. 0800 24 24 00

Mo – Fr 8.30 – 21.00
Sa 8.30 – 18.00

www.merkurhohermarkt.at

Sweet&Spicy
Anlaufstelle für Süßschnäbel

Erdbergstraße 10
1030 Wien
Tel. 0699 12 51 89 93

Mo – Fr 10.00 – 12.00
und 14.30 – 18.30
Sa 10.00 – 14.00

www.sweetandspicy.at

Alles handgemacht! Nur eine Box Gummi-Schlangen ist zugekauft, der Rest wird bei Sweet&Spicy ausschließlich selbst produziert. Optisch ist der Mini-Shop vielleicht kein Highlight, dafür sind die Marmeladen und **Trink-schokoladen** (Peanutbutter, Smarties & Marshmallow!), die Himbeer-Brownies und der Chai-Sirup einen Abstecher in den Dritten wert. Spezialität des Hauses sind wunderschöne **Motivtorten:** Die sind so beliebt, dass man sich schon mal mehrere Wochen dafür anstellen muss. Übrigens: Der Shop gehört zum **Café Frischzelle** ums Eck, das im Hinterhof einer ehemaligen Fabrik Berlin-Flair versprüht.

70

Die Süße
Von Fernreisen und Design-Keksen

Sweet India! Eine Box voller Exotik: Buddha, Lotusblüten, Elefanten und das Taj Mahal. Diese zuckrige **Miniatur-Welt** ist essbar, kreiert hat sie Die Süße, die da im Kreativ-Labor Buaya ein paar von Wiens ungewöhnlichsten Keksen fabriziert. Aus Mürbteig, Glasuren, Fondants und bunten Kügelchen formt Karin Mayer über 200 (!) verschiedene **Nasch-Kunstwerke** – vom Eiffelturm bis zu High Heels. Die sehen nicht nur hinreißend aus, sondern schmecken auch so. Und wer nachher noch immer eine Dosis Zucker braucht: Unbedingt auch Cookies, **Cake Pops** und Cup Cakes testen!

Die Süße bei Buaya
Johann-Strauß-Gasse 29
1040 Wien
Tel. 0699 11 41 94 53

Di – Fr 13.00 – 19.00
Sa 10.00 – 13.00

www.facebook.com/
pages/Die-Süße/1269
89517455311?fref =ts

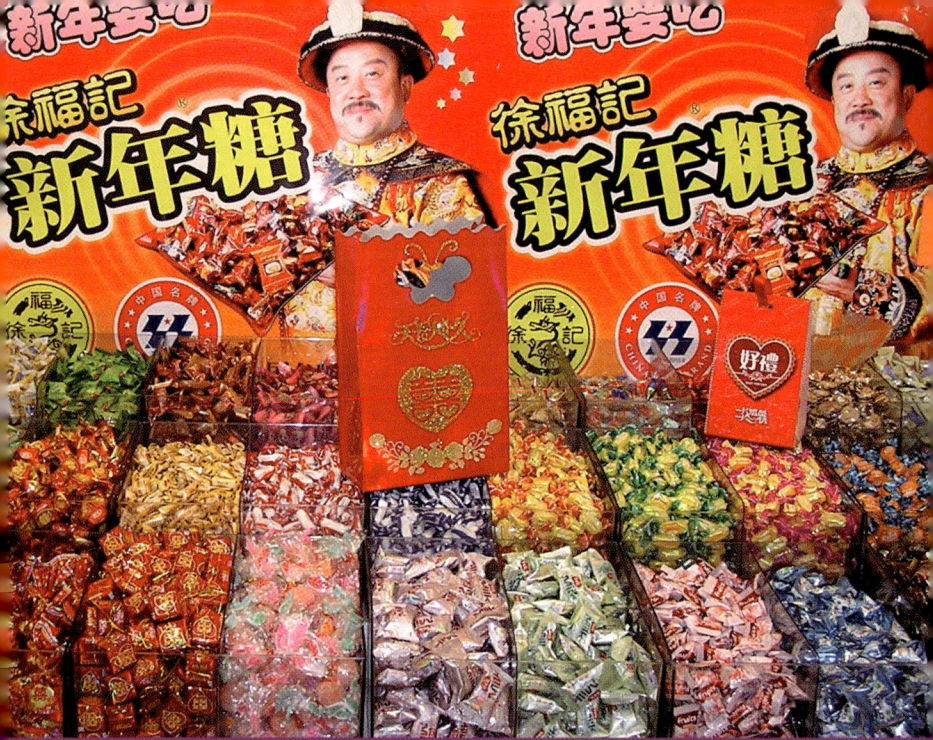

Lili Markt

Flirrebunte Hochzeitszuckerl aus China

Rechte Wienzeile 29
1040 Wien
Tel. (01) 581 11 73

Mo – Fr 8.30 – 19.00
Sa 8.30 – 18.00

Zugegeben, das Zeug klebt und schmeckt picksüß. Aber lecker ist es trotzdem – und ein **originelles** Geschenk dazu. Im Lili Markt steht eine original chinesische Hochzeitszuckerl-Theke mit Sweeties aus Kokos und Ingwer. Die werden bei chinesischen Hochzeiten vom Brautpaar an die Gäste verteilt. Der Lili Markt ist die **extended version** eines klassischen Asia-Shops und beherbergt in zwei langen Gängen praktisch das gesamte Angebot der chinesischen Küche – auch schwabbelige Fruchtpuddings! **Ethno-Sweets** vom Feinsten!

candy doc
Die beste Medizin? Naschen!

Egal ob medizinisch erwiesen oder nicht: Süßigkeiten machen **glücklich!** Logisch also, dass sie der candy doc gleich als Arznei verschreibt. Mehr als 100 Weingummi-Sorten vertreiben garantiert jedes Wehwechen: Der Marshmallow-Mix hilft Softies, der Love-Mix den unglücklich Verliebten. Ganz einfach eine **Pillendose** schnappen, randvoll mit Sweets füllen und dann mit witzigen **Etiketten** („Ersatzbefriedigung" oder „Gegen Fernweh"!) bekleben. Und der Shop? Natürlich ganz in Weiß. Endlich ein Arzt, zu dem man gerne geht!

Getreidemarkt 13
1060 Wien
Tel. (01) 920 07 14

Mo – Sa 12.00 – 19.00

www.candydoc.com

sartori – Die Torte

Luxus-Torten aus Designerhand

Mollardgasse 85A,
Stiege 3, 1. Stock
1060 Wien

Nur nach Vereinbarung

www.sartori-torten.at

Was kommt heraus, wenn sich eine erfolgreiche Produkt-
und Textil-Designerin dem Backwerk widmet? Essbare
Kunstwerke! Die Kreationen von Petra Bacher sind
die **Haute Couture** der Torten: extravagant, luxuriös
und nichts für den Alltag! Jede der bis zu 80 cm hohen
Torten ist ein **Unikat,** das von Bacher mit Massa
Ticino, Marzipanblüten und Liebesperlen aufwendigst
und detailreich gestaltet wird. Nur das Backen des
Innenlebens übernimmt Schokoladekönig Wolfgang
Leschanz. **Achtung**: Mindestens sechs Wochen im
Voraus bestellen!

Funny Cookies

Glasierte Kunstwerke

Darf man da auch reinbeißen? Gar nicht so selbstverständlich, wenn man einen Blick durch die Keks-Reihen macht: zarte **Blumenblätter,** lustige Comic-Figuren, filigrane Herzen. Fast wie Deko kommen diese **Designer-Kekse** daher, die sich ihren Namen auch verdienen: Alle werden akribisch entworfen und je Stück eine halbe Stunde lang verziert. **Künstlerin** ist Meliz Azar, der man dabei in ihrem hübschen Shop über die Schulter schauen kann. Kaufen kann man ein paar der (nicht gerade günstigen) Leckerlis dann auch gleich, bei speziellen Wünschen: vorher bestellen!

Lerchenfelderstraße 19
1070 Wien

Mo – Fr 11.00 – 18.00

www.funnycookies.at

Varietas

Das Wohnzimmer in Bad Vöslau

Maital 3
2540 Bad Vöslau
Tel. 0650 248 54 92

Mi – So 9.00 – 19.00

www.varietas.net

Manchmal lohnt sich der Blick über den Teller-, ähm, Stadtrand! Vor den Toren Wiens betreibt Melanie Manzenreiter einen äußerst sympathischen Shop für Kuchen und **Antiquitäten:** In direkter Nachbarschaft des historischen Vöslauer Thermalbades serviert sie (zu angenehm vorstädtischen Preisen!) Frischgebackenes wie **Tarte au citron,** Pinienkern-Kuchen und Rote Rüben-Torte. Und wem sein gemütlicher Sitzplatz besonders gut gefallen hat, der kann ihn einfach mitnehmen: Sämtliches Interieur steht nämlich zum **Wiederverkauf** – nur die Kaffeemaschine muss bleiben!

Guerilla Bakery

Geheime Pop-Up-Bäckerei

Pssst! Diese Bäckerei ist top secret! In regelmäßigen
Abständen wecken drei Vorarlberger Schwestern die
City aus ihrem **sonntäglichen** Schlaf. Dann bilden sich
Menschenaufläufe vor Gassenlokalen und die Guerilla
Bakery wird gestürmt, die ihr **Dessert-Buffet** anbietet
– immer nur ganz kurz und immer an wechselnden
Orten. Tupperware muss man selbst mitbringen und
dann süß befüllen: mit verführerischen Himbeer-Schoko-
Muffins, **Tarte au Chocolat** oder Apfel-Marzipan-
Kuchen. Wie man von der temporären Kuchenbar
erfährt? Auf die Homepage schauen – oder ganz einfach
den sonntäglichen Menschenmassen folgen!

Guerilla Bakery
an wechselnden
Locations

Termine im Web

www.guerillabakery.at

77

Internationales wie aus Omas Backofen

Süß ist nicht nur das Ambiente im Café Himmelblau am Kutschkermarkt, mit dem sich Nicole Ott nach ihrer Patisserie-Ausbildung in Amerika einen Traum erfüllt hat.
Tartes, Torten, Gugelhupf – hier trifft internationale Patisseriekunst auf Omas Backofen. Alles was die Vitrine des romantischen Cafés hergibt, wird in der Backstube selbst zubereitet, ebenso wie die pikanten Gerichte zu Mittag und am Abend – verwendet werden nur regionale und saisonale Produkte.

Die Rezepte kommen da schon manchmal von weiter her. Das zeigt sich bei Zitronentarte, Heidelbeermuffins oder Apfelcrostata. Bei Strudel, Zwetschkenfleck und Gugelhupf kommt aber auch das Österreichische durch. Im dazugehörigen Shop gibt es Schönes, Liebliches – einfach Dinge, die der Seele gut tun.

Öffnungszeiten	himmelblau
Montag – Freitag: 8 – 21 Uhr	Kutschkergasse 36, 1180 Wien
Samstag, Sonntag und Feiertag:	Tel.: 0660 774 14 10
8 – 18 Uhr	E-Mail: kontakt@himmelblau18.at,
	www.himmelblau18.at

Gesund naschen

Bio, vegan, glutenfrei oder gleich nach der Methode Rohkost: Es gibt erstaunlich viele Wege, aus dem Naschen eine „G'sunde Sünd" zu machen. Man muss nur wissen, wo man die Köstlichkeiten in Wien kaufen kann.

G'sunde Sünd

simply raw bakery

Sonnentor

Superfood Bar

Rauch Juice Bar

Hanauer

G'sunde Sünd

Zwei in Eins: der Shop im Restaurant

Bauernmarkt 10
1010 Wien
Tel. 0699 11 30 11 92

Mo – Sa 11.00 – 23.00

www.gsundesuend.at

Das ist aber mal eine ungewöhnliche Lösung: Sissi Unterscheider hat sich mit ihrem eigenen Unternehmen einfach in der Backstube ihres Ex-Chefs im Wiener Kochsalon **Wrenkh** einquartiert. Hier kann man nun täglich am Tresen des Restaurants zwischen veganen, glutenfreien und Bio-Desserts wählen, sie vor Ort verspeisen oder mitnehmen. Das Sortiment reicht von **zuckerfreiem** Tiramisu im Glas (erstaunlich lecker!) bis zu Himbeer-Muffins. Auf Bestellung bäckt Sissi auch Mini-Törtchen oder ganze Kuchen. Und keine Sorge: Einfach in den **Gastraum** zu spazieren ist hier ausdrücklich erwünscht!

simply raw bakery

Lässt jedes Backrohr kalt

Ein neuer Trend für bewusste Schleckermäuler: **süße Rohkost.** Oft vegan, bio und immer unter 42 Grad zubereitet, damit auch die volle Vitamin-Dröhnung erhalten bleibt. Und noch dazu lecker, wie die simply raw bakery, ein **romantischer** Stand voll roher Desserts am Biomarkt Freyung, beweist. Nix mit Karotten-Sticks und Selleriestangen, stattdessen: Mohntorte mit Zitronencreme-Frosting, Schoko-Kuchen mit weißer Kakao-Brombeercreme, **Glückskekse** aus Kokos, Datteln und Agavenmilch. Mhhhm, rohköstlich...

simply raw bakery am Bauernmarkt Freyung/ Vor dem Schottenstift Freyung 7 1010 Wien

Fr, Sa 9.00 – 18.00

www.simplyrawbakery. blogspot.com

Sonnentor

Freche Früchtchen und süße Bengelchen

Landstraßer
Hauptstraße 24
1030 Wien
Tel. (01) 715 49 28

Mo – Fr 8.30 – 18.30
Sa 8.30 – 17.00

www.sonnentor.com/
geschaefte_franchise/
Geschaefte/Wien-
Landstrasse

Eine der beliebtesten Adressen, um sich mit Bio-Köstlichkeiten einzudecken! Was weniger bekannt ist: Viele der Sonnentor-Produkte sind süße Naschereien. Die sind nicht nur **biologisch** hergestellt, sondern auch liebevoll illustriert und witzig benannt. Da geht man mit einem Lächeln durch die Reihen: vorbei an der „Manche mögen's scharf" **Zartbitter-Schoki** mit Zitrone und Chili, an Dinkelkeksen in Herzform, an marillig-zimtigen Fruchtdesserts für Bauch und Herz und an veganen **Gute-Laune-Bärchen.** Nett, um sich selbst und andere zu beschenken!

Superfood Bar

Versteckte Rohkost-Oase

Ein mehr als ungewöhnlicher Geheim-Tipp! Die
Superfood Bar liegt zwar zentral auf der Neubaugasse,
man muss aber das Geschäft **Dancing Shiva** durch-
queren, um in das liebevoll gestaltete Lokal zu gelangen.
Hier wird ausschließlich mit Superfood – den zehn
hochwertigsten Lebensmitteln der Welt (wie Kakao,
Hanf und Algen) – nach der Methode Rohkost gearbeitet.
Sogar Pralinen werden so zu einer echt gesunden
Nascherei: Energiebomben mit Macca-Wurzel und
Guarana unterstützen die Konzentration, Kraftkugeln
(Zimt und Ingwer) heben die Laune und **Liebesbällchen**
mit Gojibeeren machen Lust auf mehr!

Superfood Bar im
Dancing Shiva
Neubaugasse 58
1070 Wien
Tel. (01) 524 78 43

Mo – Fr 10.00 – 19.00
Sa 10.00 – 18.00

Juice + Smoothie
M €3,85 / L €4,85

Heartbeat
Traube, Ingwer, Apfel

Adonis
Karotte, Granatapfel,
Orange, frischer Koriander

Popeye
Traube, Birne, Spinat,
Ananas, Chili, Limette

Flirt
Erdbeere, Basilikum,
Apfel, rosa Pfeffer

Chill out
Apfel, Karotte, Sellerie

Soft Skin
Cranberry,
Litschi, Birne

Slim
Apfel

Kick
Grape
Erdbe

Vit
Kiwi,
Erdbe

Ha
Rote
Basi

Yo
Was
Apfe

Be
Hei
Mi

Rauch Juice Bar

Süße Drinks aus süßen Früchten

Neubaugasse 13
1070 Wien

Mo – Fr 8.00 – 20.00
Sa 9.00 – 19.00

www.rauch.cc/at/rauch-
juice-bar

Von außen elegant, innen stylish und ganz grundsätzlich enorm gesund! Der Fruchtsaft-Hersteller aus dem Ländle versorgt die Wiener jetzt mit **vitaminreichen** Naschereien der besonderen Art. In der Bar, in der man auch nett sitzen kann, werden frischeste Früchte und Gemüse „live" zu schmackhaften Juices, **Smoothies** und Shakes verarbeitet. Kreative Kombinationen wie „Adonis" (mit Karotte, Granatapfel, Orange, frischem Koriander) oder der Muntermacher **Ingwer Shot** (stärker als jeder Espresso) schmecken köstlich! Große Empfehlung!

Hanauer

Der Pionier am Stadtrand

Österreichs erste Bio-Konditorei! Dem süßen Gewerbe
verschrieben hat sich Klaus Hanauer ja schon länger,
2007 stellte er dann radikal um: Seither kommt in
seine Bäckereien nur das rein, was **100 % bio** ist. In
die mehr als 40 verschiedenen Sorten Schokolade
(von **Hanfkrokant** bis Balsamico-Zwetschke), in das
Trüffel-Konfekt (von Chili bis Maroni-Cranberry), in alle
Kuchen. Produziert wird im 23. Bezirk, angeschlossen
daran ist ein großes, unaufgeregtes Café. Aufregend sind
dagegen die mehrstöckigen Motivtorten: Die werden
märchenhaft **1001er Nacht** oder Alice im Wunderland
nachempfunden!

Willergasse 23
1230 Wien
Tel. (01) 489 89 41

Mo – Sa 8.00 – 18.00
So 9.00 – 18.00

www.torten.at

85

Süße Wiener Tradition

Süße Produzenten

Klein, aber fein! 200 Millionen Wiener Bienen und ihre
Imker tun das gleiche wie der Marmeladekönig Hans
Staud: Sie produzieren mit Hingabe die süßen Seiten von
Wien. Hier steht, wo die Leckereien verkauft werden.

Wiener Stadthonige

Popcorner

Wald & Wiese

Schuberts Köstlichkeiten

henzls ernte

Stadt-Imker

Staud's

Honigstadt

Wiener Stadthonige

Extra-Feines von prominenten Dächern

InterContinental Wien
Johannesgasse 28
1030 Wien

Arcadia Opera Shop
Kärntner Straße 40
1010 Wien

Mo – Sa 9.30 – 19.00
So 10.00 – 19.00

www.bienenfreunde.at

Die Staatsoper macht's, das InterContinental auch und sogar die **Secession.** Sie alle lassen sich von den Imkermeistern Heidrun Singer und Fritz Haselsteiner Bienenstöcke auf's prominente Dach stellen. Die Bienen finden ihren **Nektar** im Park, auf Verkehrsinseln und Balkonen und produzieren durch diese Artenvielfalt besonders feinen Honig. Der wiederum wird geerntet und als Besonderheit der Häuser (an der Rezeption im InterContinental, im Shop der Oper) zum Verkauf angeboten: bisschen teuer, aber ziemlich **kultig!** Und da in der Stadt keine Pestizide eingesetzt werden, gesünder als Landhonig!

Popcorner
Im körnig–süßen Schlaraffenland

Ein Spezial-Tipp für die Schleckermäuler dieser Stadt!
Der nette Laden im ersten Bezirk hat sich ausschließlich
auf ausgefallenes **Bio-Popcorn** spezialisiert. Als „Basis"
entweder mit dunkler oder heller Schokolade überzogen
und dann mit ausgewählten Toppings (wie getrockneten
Himbeeren, Trauben, Nüssen) verfeinert, ist hier für
jede Geschmacksrichtung etwas dabei. Unbedingt
die Mischung **Snow White** ausprobieren! Mit weißer
Schokolade, Erdbeeren und Kokos ist sie bestens geeignet
für Freundinnen-Abende oder Heimkino-Orgien!

Naglergasse 3
1010 Wien
Tel. 0699 11 99 71 10

Di – Fr 11.00 – 19.00
Sa 10.00 – 18.00

www.popcorner.at

Wald & Wiese

Spezialhonigsorten aus aller Welt

Wollzeile 19
1010 Wien

Mo – Fr 9.30 – 18.30
Sa 9.30 – 17.00

www.waldundwiese.at

Das Leben ist ein **Honigschlecken!** Zumindest im Frischluft-Paradies Wald und Wiese: Hier gibt's Naturbelassenes rund um die Biene zu kaufen. Im jüngsten Shop-Ableger in der Wollzeile ist es besonders hübsch: Im hellen, freundlichen Laden steht von Honigwein und handgemachten Bienenwachs-Kerzen über Biohonige bis zu **Gourmetaufstrichen** so ziemlich alles für Bienenfreunde in den weißen Regalen. Auch Eukalyptus-Honig aus Argentinien, Bergahorn-Honig aus den Karawanken und sogar den heilenden **Manuka-Honig** aus Neuseeland (bei Erkältung oder Magenschmerzen!) findet man hier!

Schuberts Köstlichkeiten

Fruchtig, fein und sehr sympathisch

Scharfe Himbeere, Heidelbeere-Rosmarin oder Kirsche-Kardamom – Schuberts **handgerührte** Marmeladen glänzen nicht nur durch Kreativität: Langsames, traditionelles Einkochen der ausschließlich natürlichen Zutaten in einer kleinen Manufaktur im **Waldviertel** führt zu einem herrlich-fruchtigen Geschmack. Von jeder Sorte gibt's nur etwa **300 Gläser,** die können dann im Wiener Marmelade-Laden (chicer Landhausstil in Naschmarkt-Nähe) durchprobiert und gekauft werden. Und durch die äußerst nette, persönliche Beratung findet bestimmt jeder seinen Lieblings-Aufstrich!

Franzensgasse 23
(bei Nummer 25 läuten!)
1050 Wien
Tel. 0664 10 30 427

Mo – Do 10.00 – 15.00

www.schuberts.at

henzls ernte

Feld- und Wiesen-Naschereien

Kettenbrückengasse 3/2
1050 Wien
Tel. 0676 755 25 26

Di – Fr 13.00 – 18.00
Sa 9.00 – 17.00

www.henzls.at

Da erwachen Land-Sehnsüchte! Seit Jahren verarbeitet und verkocht Gertrude Henzl eigenhändig gesammelte Wald- und Wiesenkräuter, alte Obstsorten und fruchtige **Raritäten** zu ungewöhnlichen Delikatessen. Ganz saisonal und kreativ fängt sie in ihrer kleinen Manufaktur die Natur ein: **Ahornfrüchte** in Essig, Holunder-Gelee, Sirup mit wilder Minze, Fruchtmatten in Rohkostqualität. Außergewöhnliche Genussmittel, die man da im netten Studio in der Kettenbrückengasse findet. Besonders **zart** für Gaumen und Auge: die wunderschön eingezuckerten Wildblüten!

Stadt-Imker

Bio-Genuss von urbanen Insekten

Streng limitiert! Der Bio-Stadthonig vom Verein Stadt-Imker ist eine **köstliche** Rarität. Denn zur Stärkung der städtischen Honig- und Wild-Bienenvölker wird den Stöcken auf Wiener Dächern (am Bundeskanzleramt!) und in Hinterhöfen immer nur ganz wenig Honig entnommen. Dieser kann dann in seiner reinen Form, aber auch als Propolis oder **Gelée Royale** bestellt und im Vereinslokal abgeholt werden. Dort gibt's übrigens für Interessierte auch die Möglichkeit, noch viel mehr zur Stadtimkerei zu erfahren und in **Kursen** sogar zu erlernen. Spannend!

Christophgasse 4
1050 Wien
Tel. 0720 977 599

Öffnungszeiten nach
Vereinbarung

www.stadtimker.at

Staud's

Ottakringer Marmeladenkunst

Ecke Brunnengasse/
Schellhammergasse
1160 Wien
Tel. (01) 406 88 05-21

Di – Sa 8.00 – 12.30
nur Fr auch 15.30 – 18.00

www.stauds.com

Ein Wiener Urgestein! Seine Produkte sind auch in Japan, Hongkong und den USA beliebt, trotzdem ist Hans Staud am Boden geblieben, genauer gesagt: in Ottakring. Da wo die kleine **Feinkost-Fabrik** in den 70ern ihren Ursprung hatte, wird auch heute noch produziert. Nämlich Marmeladen (Blutorange bis Kiwi!), Kompotte und Sirupe (Rhabarber bis **Wild-Preiselbeeren).** Kaufen kann man die gschmackigen Delikatessen auch im Sechzehnten, nämlich in einem modernen, hellen **Pavillon** am Brunnenmarkt. Rundum sympathisch!

Honigstadt

Sommerblüten–Honig mit Wiener Linde

Man mag es kaum glauben, aber im Sommer brummen **200 Millionen** Bienen durch Wien. Rund 5.300 Bienenvölker leben in der Donaumetropole, und da hier im Gegensatz zu landwirtschaftlich genutzten Regionen kaum Pestizide gespritzt werden, ist der **Stadthonig** sogar gesünder als der vom Land. Die Bienen der Bio-Imkerei Honigstadt sammeln ihren Nektar im **Schwarzenbergpark** in Neuwaldegg, unter anderem in der berühmten Allee mit Rosskastanien und Linden. Bestellen kann man den Honig per Telefon, er wird in Wien gratis per Fahrrad geliefert. Oder man kauft ihn „vor Ort" in der netten Manameierei.

Honigstadt
Tel. 0676 609 04 50
www.facebook.com/
honigstadt

Manameierei
Exelbergstraße 32
1170 Wien
Mi 12.00 – 18.00
Do – So 9.00 – 18.00

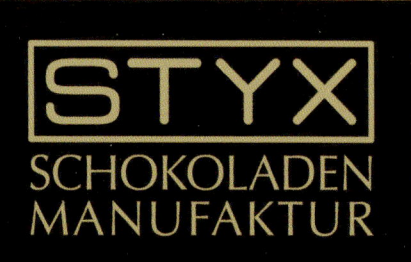

STYX
SCHOKOLADEN MANUFAKTUR

HANDGEMACHTE
BIO SCHOKOLADEN

AT-BIO-301
EU/Nicht-EU Landwirtschaft

AT-BIO-301
AUSTRIA BIO GARANTIE

Firmenführung inklusive Schokoladenverkostung

Taste & Beauty Manufaktur GmbH • Am Kräutergarten 4 • 3200 Ober-Grafendor
T 02747 - 3250 • www.tasteandbeauty.at

TASTE & BEAUTY SHOPS
3100 Sankt Pölten | Wiener Straße 17 • 3390 Melk | Hauptstraße 11
3500 Krems an der Donau | Obere Landstraße 30 • 3601 Dürnstein | Hauptstraße

Süßes aus der Factory

Einkaufen in der Fabrik? In Wien gibt es gleich mehrere Geheim-Tipps, um an superfrisches Naschwerk direkt aus der Produktion zu kommen. Mit Glück ist der Fabrikverkauf sogar günstiger als die normalen Preise. Also: Wo kann man 1 Kilo ofenwarme Cremeschnitten für 9 € erstehen?

Niemetz

Kaffeerösterei Alt Wien

Karlsbader Oblaten

Xocolat Manufaktur

Manner

Aida

Wiener Lebkuchen Manufaktur

Heindl SchokoMuseum

Niemetz

Naschen mit Kult-Faktor im Fabrik-Shop

Rennweg 52
1030 Wien
Tel. (01) 79 54 535

Mo – Fr 9.00 – 17.00
Sa 9.00 – 14.00

www.sweet-niemetz.com

So frische Schwedenbomben habt ihr noch nie gegessen! Im Niemetz Fabrik-Shop kommen die kultigen Süssis direkt aus der Produktion (im Hinterhaus) – und das aufgrund der aktuellen Nachfrage bis zu **dreimal täglich.** Neben den flaumigen Bomben gehen in dem Shop, der mit alten Fabriksschildern und Retro-Sackerln dekoriert ist, aber auch weniger bekannte Niemetz-Schleckereien über den Ladentisch: Mozartpolsterl, **Trinkschokolade** oder Manja-Riegel. Der ultimative Tipp für Aficionados ist hier aber der Fabiksverkauf von Schwedenbomben-Bruch: 40 Stück **himmlische** (ein bissl schiefe) Bomben um 5,50€!

98

Kaffeerösterei Alt Wien

Der Geschmack der großen weiten Welt

Dieser Duft! Von früh bis spät wird täglich in der hübschen Manufaktur der Kaffee **frisch** geröstet – die eindrucksvolle Maschine steht gleich neben dem Eingang, davor türmen sich riesige Säcke voller Kaffeebohnen. Durchschnittsware gibt's hier nicht, das Sortiment umfasst neben Bio-Kaffees aus Nicaragua und Bolivien auch rare Sorten für Gourmets: Der **Jamaica Blue Mountain** (50€ pro viertel Kilo!) gilt zum Beispiel als König des Kaffees und der Nepal Mount Everest ist eine Seltenheit aus dem Himalaya. Perfekt gebrüht kann man die **Köstlichkeiten** an der Bar genießen – oder abgepackt mit nach Hause tragen.

Schleifmühlgasse 23
1040 Wien
Tel. (01) 50 50 800

Mo – Fr 10.00 – 18.00
Sa 10.00 – 16.00
(Juli + August bis 14.00)

www.altwien.at

Karlsbader Oblaten

Rund, federleicht, köstlich

Rechte Wienzeile 25-27
1040 Wien
Tel. (01) 586 6784

Mo – Fr 13.00 – 18.30
Sa 9.00 – 13.00

www.karlsbader-
oblaten.at

Von Karlsbad nach Wien! Im böhmischen Urlaub auf den Geschmack gekommen, wollte die **k.u.k.-Schickeria** auch zuhause in Wien nicht auf die runden Oblaten verzichten. Kurzerhand wurde eine kleine Manufaktur am Naschmarkt gegründet, produziert wird dort bis heute – und zwar noch immer auf Original-Pressen nach geheimer Karlsbader Rezeptur. Im integrierten Shop kann man die **böhmischen Knappereien** in allen Spielarten kaufen: pur, süß mit Schoko- und Haselnuss-Creme gefüllt, **pikant** mit Kümmel, Rosmarin und Chili. Knusper-Genuss für Zwischendurch!

Xocolat Manufaktur

Die Veredelungs-Werkstatt

Frischer geht's fast nicht! Die Schokolade, die es hier zu kaufen gibt, ist oft erst wenige Stunden jung: Über 40 verschiedene Tafeln Schokolade und **60 Sorten Konfekt** aus den wunderbarsten Zutaten werden täglich für das hauseigene Sortiment der Xocolat Manufaktur hergestellt. Wie die Chocolatiers dabei an riesigen Marmortischen reinsortige **Criollo-Kuvertüre** mit exotischen Gewürzen oder edlen Destillaten vereinigen, kann man (sogar von der Straße aus) durch eine Glasscheibe beobachten – und regelmäßig in **Workshops** auch selbst versuchen!

Servitengasse 5
1090 Wien
Tel. (01) 310 00 20

Mo – Fr 10.00 – 18.00
Sa 10.00 – 13.00

www.xocolat.at

Manner

... mag man eben

Flagshipstore:
Stephansplatz 7
1010 Wien
Tel. (01) 513 70 18
Mo – So 10.00 – 21.00
Werksverkauf:
Wilhelminenstraße 6
1170 Wien
Tel. (01) 488 22-3770
Mo – Do 9.00 – 17.00
Fr 9.00 – 14.00
www.manner.com

1898 verkaufte Josef Manner seine ersten **Manner-schnitten** – und zwar einzeln. Heute gehen täglich mehrere Tausend über den Ladentisch im schicken Flagshipstore am Stephansplatz. Hier gibt's sämtliche Leckereien (auch die 20x30cm-Riesenschnitten täglich frisch aus der Produktion!) und zusätzlich kultige Accessoires: Taschen, Bademäntel oder Retro-Metalldosen. Alles im typischen **Rosa.** Wem es hier zu voll oder zu touristisch ist, der sollte den großen Werksverkauf in Hernals besuchen: Mit Glück gibt's gerade ein Kilo **Schokobananen-Bruch** zum Sonderpreis!

Aida

Fabrikverkauf zwischen Kitsch und Kult

Rosa Plastik-Sessel, Kellnerinnen mit Spitzen-Schürzen
und **Kardinalschnitte.** Das ist Aida. Und das ist
so retro, dass es schon wieder gut ist. Wer sich die
Mehlspeisen trotzdem lieber mit nach Hause nimmt,
sollte sich einmal zeitig in der Früh auf den Weg nach
Floridsdorf machen: Denn täglich ab 8.00 Uhr gibt's in
der Filiale Schönthalergasse (hier befindet sich die Aida-
Großbäckerei für ganz Wien!) **Tortenbruch-Verkauf**
solange der Vorrat reicht. Also die Eckerl und Kanten, die
vielleicht nicht ganz perfekt geraten sind, aber trotzdem
genauso gut schmecken. Beispiel: 1 Kilo Cremeschnitte
um 9 €!

Schönthalergasse 1
1210 Wien
Tel. (01) 258 26 110

Mo – Sa 6.30 – 19.00
So 7.00 – 19.00

www.aida.at

Wiener Lebkuchen

Heinzelmännchen-Manufaktur in der Brigittenau

Dammstraße 39
1200 Wien
Tel. (01) 330 75 33

Mo – Do 7.00 – 16.00
Fr 7.00 – 12.00

www.wiener-lebkuchen.
at

Im Hinterhof eines kleinen Hauses im tiefsten 20. Bezirk werkt und wirkt die Familie Kammerer in dritter Generation in der Wiener Lebkuchen Manufaktur. Das überraschend **große** Sortiment des Betriebs, das hier produziert wird, reicht von gefüllten Honiglebkuchen (richtig gut!) über Schaumbecher bis zu **Schoko-Figuren.** Die kann man direkt in der Fabrik zu den Öffnungszeiten erstehen, vorsichtshalber aber vorher anrufen, denn nicht immer ist alles vorrätig. Übrigens: Alles wird auch individuell und ab einem Stück gefertigt – wie wär's mit einem **Lebkuchenherz** für den Liebsten?!

Heindl SchokoMuseum

Reise in süße Galaxien

Von den Xocolatl der Azteken bis zur heutigen Praline: Schon vor 3000 Jahren entdeckte man das **Geheimnis** der Schokolade. Im SchokoMuseum der Conifiserie Heindl kann man ihrer Geschichte nachspüren. Da läuft einem das Wasser im Mund zusammen: Zuerst wird verkostet, dann durch Sorten und Rezepturen galoppiert, es folgt ein Zwischenstopp im **Schokokino,** weiter geht's einen Stock höher, wo man bei der Produktion der Heindl-Produkte zusehen kann. Das erlösende Highlight (danke!) dann am Schluss: drei **Schokobrunnen** – mit Vollmilch-, Edelbitter- und weißer Schoki! Achja, natürlich kann man hier auch einkaufen...

SchokoMuseum bei Heindl
Willendorfer Gasse 2-8
1230 Wien
Tel. (01) 667 21 10-19

Mo – Sa 9.00 – 16.00

www.schokomuseum.at

FROZEN YOGURT

Genuss, der keine Sünde ist

Wer also vom Speiseeis auf eine gesunde Alternative umsteigen will, und dennoch nicht auf den cremigen Geschmack verzichten möchte, der hat jetzt bei MALU die perfekte Gelegenheit dazu.
Und das Beste:
Durch das fettarme Joghurt kann die sündige Nachspeise auch im großen Becher „sündenfrei" genossen werden kann.

Froyo, klein	3,50
Froyo, groß	4,50

FACEBOOK.COM/MALUFROYO

Wir sind für euch da:

Montag bis Sonntag: 11:00 – 22:00
Rotenturmstraße 22, 1010 Wien

FACEBOOK.COM/MALUFROYO

TWITTER.COM/MALUBARWIEN

Zubehör & Kurse

Die neue Backwelle macht auch vor heimischen Backöfen nicht halt. Wer jetzt Lust bekommen hat, selbst Cup Cakes und Designer-Kekse zu produzieren, findet hier garantiert das passende Zubehör fürs Home-Baking: von der Cake-Pop-Form bis zum Roll-Fondant.

Cuisinarum

Reimer

Alles Torte

kexfabrik

Julie Pop Bakery

Need for Sweets

Süwag

Clausa Things

Cuisinarum

Vom Nudelwalker zur Cake-Pop-Form

Singerstraße 14
1010 Wien
Tel. (01) 890 21 41

Mo – Fr 9.30 – 18.30
Sa 9.30 – 18.00

www.cuisinarum.at

Einmal drin, kommt man nicht wieder raus. Das Cuisinarum ist das Schwarze Loch des Küchen-Universums – hier gibt es nämlich komplett alles, wovon Bake-Aholics und Gourmets träumen. **Riess-Backformen** (schicke Design-Edition von Sarah Wiener!) in vielen Farben, **Blindback-Kugeln** aus Keramik, Klassiker wie Kitchen Aids, Schönes von Alessi und alle neuen Trends für die Küche. Die Auswahl ist riesig. Und plötzlich weiß frau, wie dringend sie einen **Cookie-Stempel** braucht!

Reimer Tortendekor

Zuckerblumen und Marzipanrosen

Die Familie Reimer sieht sich selbst als Süßwaren-Dynastie. Schließlich importiert und produziert man schon seit über **70 Jahren** Zutaten für die süßen Seiten des Lebens. Im Stammhaus in der Wollzeile kann man neben feinster Schokolade aus aller Welt, Pariser Zuckermandeln und Lakritze aus England auch ganz spezielles Tortendekor kaufen. Unzählige **Blütenformen** werden hier aus Zucker und Marzipan selbst hergestellt, von Margeriten über Veilchen bis zu Rosen. Ach ja, und wer echte **kandierte** Fliederblüten auf seine Torte legen will – hier findet er sie.

Wollzeile 26
1010 Wien
Tel. (01) 512 14 33

Mo – Sa 10.00 – 19.00
So 14.00 – 19.00

www.lebensbaumtorte.at

Alles Torte

Angesagtes Zubehör fürs Home-Baking

Novaragasse 9b
1020 Wien
Tel. 0664 264 71 58

Di – Fr 10.00 – 17.00
Mi 10 – 18.00
Sa 10.00 – 14.00

www.allestorte.at

Egal, was dem Backwerk zum ultimativen **Wow** noch fehlt – hier findet man's bestimmt! Tina Rauls feiner Shop für Backzubehör lässt keine Wünsche offen: **Renshaw Icing-Masse** aus England, Patchwork Cutters von Marion Frost, Schokoladefarben oder Candy Melts (zur individuellen Pralinenproduktion) – das Sortiment geht weit über die üblichen Ausstecher hinaus. Und wer mit Präge-Matten und **Glitzerflocken** (noch) nicht umgehen kann, fragt einfach die Chefin, die weiß als ehemalige Patissière des Hotel Sacher bestens Bescheid.

kexfabrik

Vom Freudkex bis zum Sisikex

Prominent, wer da so rumhängt: die Sisi und der Mozart, der Freud und die Venus von Willendorf. Gemeinsam mit mehr als 900 anderen **Ausstechformen** bringen sie die Lieblings-Bäckereien in die richtige Fasson. In der kexfabrik gibt's Motive für alle Anlässe: Kleeblatt zu Neujahr, Tulpen zum Valentinstag, Häschen zu Ostern, **Fledermäuse** zu Halloween, Gansl zu Martini. Viele der Ausstecher werden in der kexfabrik **handgelötet,** erhältlich sind sie online oder im kleinen Shop. Aber Achtung: Der öffnet seine Pforten nur nach telefonischer Vereinbarung.

Dr. Natterergasse 6
1020 Wien
Tel. 0699 81 16 94 46

Öffnungszeiten nach Vereinbarung

www.kexfabrik.at

111

Julie Pop Bakery

Schlemmen mit Sti(e)l

Zimmermanngasse 1A/11
1090 Wien
Tel. 0699 15 08 42 41

Termine auf der
Homepage oder nach
Vereinbarung

www.juliepopbakery.com

Wanted: Sweetest Cake Pops in Town! Die gibt's in der Julie Pop Bakery, wo Mama Sonja und Tochter Julia ausschließlich trendige **Mini-Küchlein** am Stiel kreieren. Entzückend, welche detailverliebten Verzierungen den kuchigen **Lollis** da verpasst werden: mal als Frosch oder Blume, dann wieder als Herz oder Küken. Shoppen kann man die verführerischen Happen bisher nur online, dafür bietet das Bäckerinnen-Gespann aber **Workshops** an. Einfach Termin vereinbaren und dann aufspießen, eintunken und dekorieren wie die Profis. Great to eat and fun to make!

112

Need for Sweets

Grenzenlose Kreativität

Cupcakes in Metallic-Pink, luftige Muffins-Wolken durchbrochen von einem **Regenbogen:** Mit Hilfe von Need for Sweets kann frau solch süße Kunstwerke auch ganz bequem selbst fabrizieren. Der zweistöckige Shop liefert das Zubehör rund um den bunten **Trend,** und das Angebot ist wirklich ungewöhnlich: Muffin-Förmchen im Vintage-Look, Marzipan, Schmelzdrops und **Roll-Fondant** in allen erdenklichen Farben, Fachliteratur, Lacke und Toppings zum Verzieren!

Maxingstraße 4a
1130 Wien

Mo, Di, Do, Fr 10.00 –
17.00
Mi+Sa 10.00 – 14.00

www.needforsweets.at

Süwag

Marzipanblüten in der Zeitmaschine

Sechshauserstraße 43
1150 Wien
Tel. (01) 893 23 76

Mo – Fr 8.00 – 12.00 und
13.00 – 18.00
Sa 8.00 – 12.00

www.suewag.at

Wie jetzt, gibt's das noch? An diesem entlegenen Wiener Winkel steht die Zeit still: ein versteckter **Innenhof,** rankende Pflanzen, alte Schilder. Und mittendrin: Wiens älteste Tortendekor-Fabrik Süwag! Während in der Manufaktur noch heute **Hunderte** Produkte fabriziert werden, werden sie im urigen Shop nebenan verkauft. Der führt auf winzigem Raum so viel Umfassendes fürs Backen, wie man es sonst kaum in Wien findet: **kandierte Veilchen** (im Einzelstück!) und Namensschilder für die Torte, Lebensmittelfarben und bunteste Fondants. Eine nostalgische Fundgrube!

Clausa Things
Schicke Schürzen und feine Förmchen

Allein schon wegen der hinreißenden Back-Schürzen der amerikanischen Kultmarke **Jessie Steele** ist dieser Shop ein echter Geheimtipp: Claudia und Sabine vertreiben in ihrem Webshop allerlei hübsches Design rund um's Home-Baking, das sonst eher schwierig aufzutreiben ist. Schicke Tortenplatten von **Rosanna Bowles,** geblümte Muffinförmchen von Greengate und Porzellan-Backformen von **IB Laursen** – sie alle können vor der Bestellung auch „live" im klitzekleinen Schauraum in Mauerbach begutachtet werden. Nur leider, das macht die Entscheidung nicht leichter ;-)

Steinbachstraße 61
3001 Mauerbach
Tel. 0664 510 26 06

Mo – Fr 10.00 – 18.00
nach Voranmeldung

www.clausathings.at

115

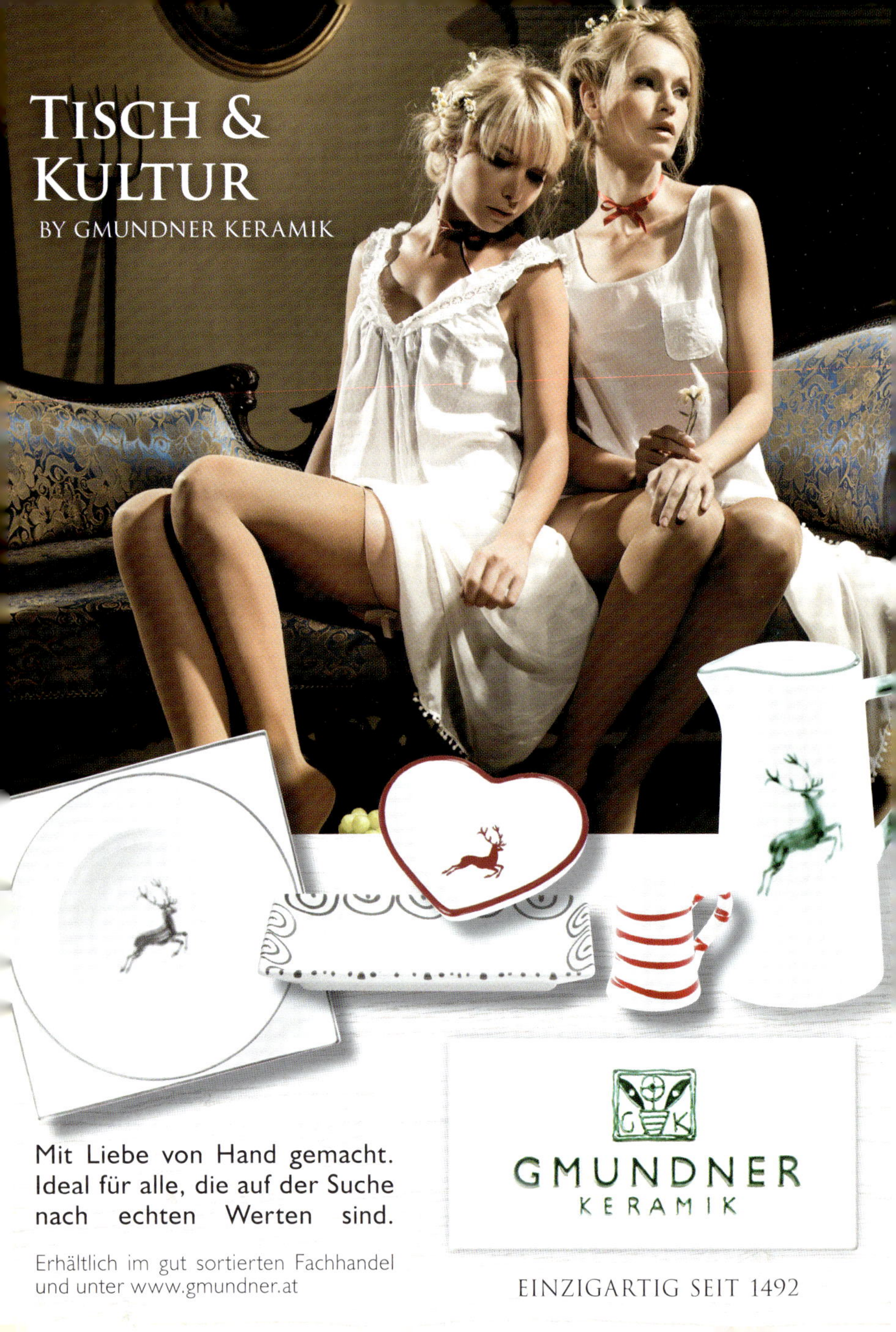

TISCH &
KULTUR

BY GMUNDNER KERAMIK

Die besten Klassiker

Gar keine Frage: Einfach alles ist köstlich in den legendären Konditoreien und Cafés der Wiener Stadt – aber manches ist schlicht unübertreffbar. Lasst Euch die genialste Torte und die hinreißendste Schaumrolle schmecken – mit den Geheim-Tipps der StadtSpionin!

Sacher

Gerstner

Demel

Hawelka

Oberlaa

Crupi

Konditorei Blocher

Café der Provinz

Konditorei Bürger

Meierei Füllenberg

Anna Sacher-Schnitte im Sacher

Purismus im Tortenland

Kärntner Straße/ Ecke
Philharmonikerstraße
1010 Wien
Tel. (01) 514 567 34

Mo – So 9.00 – 23.00

www.sacher.com

Nein, hier steht jetzt nichts von der 1832 erfundenen Sacher-Torte. Von der werden zwar pro Jahr im Sacher unvorstellbare 360.000 Stück produziert (Himmel, wer isst die alle?!), aber – unter uns – es gibt Besseres. Nämlich die der **legendären,** Zigarre rauchenden Hotel-Chefin Anna Sacher gewidmete Schnitte: Keksartige Biskuit-Schichten wechseln sich mit **Orangennougat** ab, das Ganze ist dann mit einem Hauch Cointreau abgeschmeckt. Ein **Geheimtipp** für alle, die auf „nicht süß" und „nicht cremig" stehen. Achtung: Gibt's nicht im Café, nur in der Sacher Confiserie zu kaufen!

K.U.K.
HOFZUCKERBÄCKER
GEGRÜNDET 1847
WIEN

Veilchenblüten im Gerstner

Kaiserliche Nascherei mit Tradition

Kaiserin Elisabeth war ganz vernarrt in die zarten lila Blümchen: ob **Veilchensorbet** als Diät, veilchen-blaue Wände im ungarischen Schlafgemach oder kandierte Veilchenblüten als Nascherei zwischendurch. Und es ist ihr nicht zu verübeln – die feine Spezialität schmeckt einfach zu **exquisit.** In der k. u. k. Hofzuckerbäckerei Gerstner kann man die gezuckerten Blüten bis heute erwerben. Präsentiert in einer mit Samt eingebundenen Runddose mit **Sisi-Portrait** kauft man neben der Köstlichkeit auch ein bisserl Nostalgie mit. Schön!

Kärntner Straße 13-15
1010 Wien
Tel. (01) 512 49 63

Mo – Sa 8.30 – 20.00
So 10.00 – 18.00

www.gerstner.at

Torte Döry im Demel

Grandioses aus dem k.u. k. Hofzuckerbäckerparadies

Kohlmarkt 14
1010 Wien
Tel. (01) 535 17 170

Mo – So 9.00 – 19.00

www.demel.at

Es soll schon Menschen gegeben haben, die wegen dieses **Traums** aus Schokolade nach Wien gezogen sind. Gerüchteweise gehört die Verfasserin dieser Zeilen dazu. Der Demel ist, trotz aller Touristenmassen, schlichtweg der Himmel für Naschkatzen. Nirgendwo sonst in dieser Stadt werden so grandiose Torten und Kuchen gebacken – und der **Höhepunkt** all dieser Kunst ist die Torte Döry. Egal ob man sie vor Ort im eleganten k. u. k. Ambiente verspeist oder sie an der Theke kauft – in der Sekunde, in der die luftige **Schokoladen-Mousse** am Gaumen zergeht, vergisst man alles Übel dieser Welt. Versprochen!

Buchteln im Hawelka

Nostalgischer Mitternachtssnack

Jaja, das Hawelka: Mit seinem Alt-Wiener-Flair und den mondänen Stammgästen ist es längst zur Legende mutiert. **Legendär** sind auch die Buchteln, die Josefine Hawelka – streng nach dem Rezept ihrer böhmischen Omama – auftischte. Nun, mehrere Jahre nach dem Tod der Wirtin, lebt das **Traditionsgebäck** immer noch weiter: Die Enkelsöhne stellen sich mittlerweile dafür hinter den Herd. Aber **Achtung:** Serviert werden die Buchteln immer erst ab 22 Uhr! Angenehm ruhig ist es dann, wenn der Duft aus Nostalgie, Marmelade und Puderzucker durch das Kaffeehaus weht.

Dorotheergasse 6
1010 Wien
Tel. (01) 512 82 30

Täglich 8.00 – 02.00
(Buchteln ab 22.00)

www.hawelka.at

121

Macarons von Oberlaa

Hauchzart und kunterbunt

Zentrale:
Kurbadstraße 12
1100 Wien
Tel. (01) 689 25 890

Mo – So 9.00 – 19.00

www.oberlaa-wien.at

Außen knusprig, innen cremig-schmelzend: Macarons sind ein Glanzstück der Patisserie, sozusagen das berühmteste Keks von Paris. In Wien zaubert die Kurkonditorei Oberlaa **LaaKronen,** die dem französischen Pendant um nichts nachstehen: In neun verschiedenen Sorten wird das zarte Mandel-Baiser mit Buttercreme täglich frisch und nach **Spezialrezept** gebacken. Kaufen kann man die LaaKronen in allen Oberlaa-Konditoreien schon ab einem Stück – bei dem bleibt's nur meistens nicht: Haselnuss, Orange, Ribisel oder Vanille – das **farbenfrohe** Sortiment ist einfach zu verlockend!

Panettone bei Crupi

Süßer Verführer aus Sizilien

Den Nino Crupi und sein kleines Geschäft kennen eingeweihte Feinschmecker in Wien wegen seiner **Tarocco-Orangen.** Die kommen direkt aus dem Orangenhain seiner Familie am Fuße des Ätna und sind die wahrscheinlich gschmackigsten Südfrüchte von ganz Wien. Vor wenigen Jahren begann Nino dann, zur Weihnachtszeit auch heimatlichen Panettone aus Sizilien zu importieren – **kuppelartigen** Kuchen mit kandierten Früchten. Der schmeckt um Lichtjahre besser als alle bei uns bekannten Panettones und muss Dank begeisterter Mundpropaganda nun zu **Tausenden** aus Sizilien angekarrt werden. Tendenz steigend!

Margaretenstraße 3
1040 Wien
Tel. 0650 858 38 50

Mo 14.30 – 19.00
Di – Fr 10.00 – 19.00
Sa 10.00 – 17.00

www.crupi.at

123

Schaumrollen von Blocher

Weiße Zuckerwolken gehüllt in Blätterteig

Lindengasse 2
1070 Wien
Tel. 0699 10 69 68 84

Mo – Fr 6.00 – 20.00
Sa 7.00 – 18.00

www.meisterstrasse.at/a.
blocher

Das ist so unscheinbar, dass man es fast übersieht. Wär aber schad drum, schließlich gibt's in der **Konditorei Blocher** Mehlspeisen, wie man sie sonst kaum mehr findet. Weder hip noch urig punktet die Konditorei, an die auch direkt die kleine Backstube angeschlossen ist, mit echter **Handarbeit.** Seit Großvaters Zeiten wird hier geknetet und gerührt – vom Marillenkuchen bis zur Mohnkrone. Da schmeckt alles durchwegs gut, **Spezialität** des Hauses sind aber Schaumrollen aus selbst gemachtem Blätterteig. Die sollten sogar Verweigerer mal probieren!

Waffeln im Café der Provinz

Pures Glück mit Zimt und Zucker

Das ist ein Café zum Wohlfühlen: keine Edeloptik, sondern grobe Holztische wie in einem **charmanten** Wirtshaus am Mittelmeer. Keine 23 Kaffeesorten, aber die kreativste Menge an Kräuter-Früchte-Tee-Mischungen aus dem Waldviertel. Und am wichtigsten: die besten Waffeln der Stadt. Achtung: **Suchtgefahr!** Die werden für jeden extra ganz frisch am Tresen zubereitet. Ob klassisch mit Zimt und Zucker, mit frischen Früchten, mit Eis, Maronicreme oder Balsamico-Schokosauce – diese **fluffigen** Teiglinge machen einfach so glücklich!

Maria-Treu-Gasse 3
1080 Wien
Tel. (01) 944 22 72

Mo – So 8.00 – 23.00

www.cafederprovinz.at

Krapfen der Konditorei Bürger

Traditionsgebäck – streng limitiert!

Servitengasse 12
1090 Wien
Tel. (01) 315 70 80

Mo – Fr 7.00 – 18.30
Sa 7.00 – 13.00

Es gibt Plätze in Wien, da stimmt einfach alles. Die Atmosphäre, die Umgebung und die Tatsache, dass die Zeit ein klein wenig langsamer vergeht als im Rest der Welt. Die Konditorei Bürger im **romantischen** Servitenviertel ist so ein glücklichmachender „Hide-Away" – der im Februar noch anziehender wird. Denn dann **türmen** sich hier Berge zierlicher, duftiger, feiner Krapfen, wie man sie besser in ganz Wien nicht finden kann. Die Konditorei ist der letzte Platz von Wien, an dem es **Faschingskrapfen** wirklich nur zur Faschingszeit gibt. Und so hilft es auch nichts, dass Frau Bürger um Mitternacht aufsteht, um Krapfen zu backen – es sind nie genug!

Apfelkuchen im Füllenberg

Pure Freude an den einfachen Dingen

Die Lage ist einfach nur idyllisch! Tief im **Wienerwald** versteckt und doch ziemlich nahe an der Stadt, inmitten von Blumenwiesen und Vogelgezwitscher, liegt die **Meierei Füllenberg,** die schon zur Biedermeierzeit hier stand und wo seit 1769 nichts mehr verändert wurde. Bei schönem Wetter sitzt man unter mächtigen Kastanien im Garten und verspeist zum Kaffee so köstliche Sachen wie Apfelkuchen oder **Zwetschkenfleck.** Was von den beiden besser ist, wird man wohl nie entscheiden können. Klar ist nur: So gut können die einfachen Dinge schmecken!

Füllenberg 5
2532 Heiligenkreuz
Tel. (02258) 8244

Mi–Fr 12.00–20.00
Sa, So 10.00–20.00
(im Winter nur Sa, So)

www.wienerwald.org/p_
fuelln.htm

ISBN 978-3-9519902-5-5
Erste Auflage
© 2013 Wundergarten Verlag, Wien

Bildnachweis: Alle Bildrechte liegen bei der StadtSpionin
bzw. den Shop- und Lokalbesitzern. Außer: Seite 23:
derenko/Carina Schickmair, 28: Roland Unger, 29: Bengt
Stiller, 62: David Payr, 67: Herbert Lehmann, 74: Petra
Bacher, 76: Doris Mitterer, 89: Conny de Beauclair, 94:
Petra Schmidt, 115: Jessie Steele, 119: Gerstner, 121: Anja
Beckmann/travelontoast.de, 124: Roland Unger.

Die StadtSpionin dankt Barbara Moser, Lisa Grohs, Jasmin
Maier, Elisabeth Seethaler.

Grafischer Entwurf: alorenz, Wien
Layout, Production: vienna121@gmail.com

Druck: Alföldi, Debrecen
Printed in the EU

Wundergarten Verlag
Sabine Maier
Phorusgasse 7
1040 Wien
www.wundergarten.at